Trente ans de bonheur

Premier concerné, je suis aussi le dernier à le croire tellement le temps a passé vite : Les Grosses Têtes célèbrent leur trentième anniversaire ! Une performance rare, s'agissant d'une émission quotidienne de deux heures diffusée à un moment de la journée où les directeurs de station sont déjà levés et pas encore couchés. Sans doute la recette de cette longévité est-elle simple : là, comme sur tous les étals de l'économie de marché, l'offre a correspondu à la demande, hissant l'anti-morosité au niveau d'un acte civique et d'un service public.

Retour en arrière. Nous sommes en 1977. Je sévis à RTL depuis une décennie déjà. D'abord sept ans de RTL non-stop, un divertissement journalier de cent cinquante minutes en direct. Puis un Journal de la mi-journée qui, en soixante minutes et sans que quiconque lise un papier, délivre les informations avant d'asseoir sur la sellette les principaux acteurs de l'actualité. Mais, à cette époque, la censure est vigilante. Qui met en doute la compétence des politiciens en place perd la sienne. Et il n'est pas rare que les responsables des grands médias aillent prendre leurs ordres à l'Élysée. Je fais donc les frais d'un agacement présidentiel. Mes employeurs ne me licencient pas pour autant. Ils décident ma réintégration dans la case du divertissement de la deuxième partie de l'après-midi. Une tranche privilégiée. Les ménagères sont à l'ouvrage, les enfants reviennent de l'école, les autres quittent le bureau ou l'usine à bord de véhicules où l'autoradio est devenu omniprésent. Jean Farran, qui est passé avec bonheur de la rédaction en chef politique de *Paris Match* à la direction des programmes de Radio Luxembourg, rebaptisée RTL, se souvient des Incollables, une « émission de conversation », naguère animée par Robert Beauvais. Des gens réputés d'esprit et de culture y devisaient gaiement. Je suis rien moins qu'enthousiaste car je ne crois pas du tout aux ver tus fédératrices du « concept ». J'accepte cependant de tenter l'aventure car j'éprouve confiance et affection à l'égard de Jean Farran. Ce dernier, en fixant la date de lancement des Grosses Têtes trouve un moyen très simple de calmer provisoirement mes angoisses : « Vous démarrez le 1er avril. Si ça ne se passe pas bien, on dira que c'était un poisson, un canular sans lendemain. »

Le coup d'essai n'est pas un coup de maître. Nous sommes quatre dans un minuscule studio avec pour tout public le technicien affecté à l'enregistrement. Les questions culturelles qui, aujourd'hui, ne servent plus que de fil rouge, composent alors la totalité d'une trame, assez sérieuse, à la limite de la prétention. Comme on ne saurait augurer de l'avenir d'une émission après un seul jour, je continue En compagnie de ceux que je nomme aujourd'hui les piliers du temple, ou les pères fondateurs, et qui ont déjà noms Jean Dutourd, Jacques Balutin, Roger Pierre, Jean Lefebvre. Très vite la fantaisie des uns pondère le didactisme des autres. Mon expérience de La Petite Semaine où, sur la radio publique, j'évoquais spectacles, livres et anecdotes avec Georges Ravon, Max Favalelli, Jean Oberlé, Françoise Giroud (serais-je le seul survivant ?) me sert. Comme on commence a faire assaut de bons mots et de vacheries et que le rire, comme la pelote basque, a besoin d'un fronton, on admet dans un studio plus grand une vingtaine de spectateurs chargés d'assurer les réactions. Or, la radio, lorsqu'elle prétend au divertissement, est une marchande d'ambiance. L'hilarité du premier cercle en provoque d'autres, concentriques, de plus en plus étendus. Nous nous amusons nous-mêmes et je découvre que c'est la condition *sine qua non* pour amuser les autres. Parallèlement, naissent entre les participants des rapports de complicité ou d'hostilité qui contribuent à donner une vraisemblance à ce qui deviendra bientôt « la famille des Grosses Têtes ». En juin, trois mois après les débuts de la formule, la partie n'est pas encore gagnée mais elle est estimée jouable par les experts qui, plusieurs fois par an, regardent à la loupe les sondages d'audience. À la rentrée de septembre, j'étoffe mon équipe : Jean Yanne, Jacques Martin, Thierry Le Luron me rejoignent. On dit pis que pendre des absents, on s'étripe joyeusement entre soi : premières outrances, premiers fous rires, premières empoignades. Le succès est à ce prix. Jean Farran, qui a l'intelligence de fabriquer une radio populaire qu'à titre personnel il n'eût sans doute jamais écoutée, nous encourage et me flanque de deux précieux mentors : Henri Agogué et Bernard Desfoux. Avec eux, je « débriefe » chaque émission. Roger Kreicher, le directeur artistique qui a imaginé le titre de la série, nous pousse à ne pas ménager notre peine, ni les VIP. Nous nous laissons aller à proférer des horreurs. C'est bien parti. Une route s'ouvre devant nous que personne n'imagine devoir être aussi longue. Si l'émission « tient » cinq ans, tout le monde sera fier et content. Rédactionnel et promotion confortent notre position. La concurrence s'émeut de cette poussée d'écoute au beau milieu de l'après-midi puis baisse les bras, faute de troupes combatives à nous opposer.

Les Grosses Têtes forment désormais une petite académie radiophonique. Des écrivains, des comédiens viennent nous prêter « voix forte » mais l'ensemble demeure très improvisé. Si l'on excepte le choix préalable des questions – une vingtaine utilisées sur les cinquante qui me sont proposées –, il n'y a aucune préparation et j'arrive les mains dans les poches. Mais les questions ne répondent plus seulement à des critères culturels. Je sélectionne aussi celles dont je devine qu'elles exciteront la verve de mes complices et qu'elles donneront lieu à des sketches. Et ça roule. L'ambiance monte dans le studio où, après nous être affrontés sur le terrain de l'érudition, il n'est pas rare que nous nous battions à coups de jets d'eau minérale. Chacun place sa bonne histoire, son anecdote. Le sexe, dédramatisé par la gaudriole, devient un ingrédient du cocktail comique. Aux coincés qui s'étonnent de ce qu'ils considèrent comme une dangereuse dérive, j'explique qu'avant d'être français nous avons été gaulois. Ménie Grégoire, à laquelle Jean Farran a confié la première émission pratique de conseils amoureux, vient parfois nous rejoindre sans comprendre qu'avec le même matériau qu'elle nous ne poursuivons pas le même dessein. Quelques mots crus fusent. Il y en aura d'autres. Au début, on coupe nombre d'audaces verbales au montage. Mais en conservant les rires qu'elles ont provoqués. Et puis, au fil des décennies, on va de plus en plus loin. La civilité puérile et honnête de la télévision, corsetée par l'impact de l'image et la notion de « service public » définie sans limites par Georges Pompidou, ne joue pas à la radio, où l'on met un point d'honneur à parler comme dans la rue. Ou comme dans les cours de récréation. C'est-à-dire en appelant un chat un chat et Rollet un fripon.

Dix années s'écoulent. Médiamétrie nous place en tête des audiences de l'après-midi. Nous célébrons la 5 000e en compagnie d'invités prestigieux, hélas ! tellement nombreux que chacun n'a droit qu'à quelques phrases. Le « panel » quotidien comprend quelques rigolos de service et des vedettes de passage attirées soit par la promotion de leur film, de leur pièce ou de leur livre, soit par la liberté de dire tout ce qui leur passe par la tête. La mayonnaise ne prend pas toujours mais, dans l'ensemble, on rit, et le rire sanctifie d'autant plus presque tout qu'il n'est pas qualitatif. L'équipe journalistique et technique s'étoffe. Les cachets sont réévalués. Le courrier des auditeurs afflue, porteur des questions que je dois poser à l'antenne, des compliments, parfois des récriminations, quand on estime que nous allons un peu loin. Les directeurs passent. Les Grosses Têtes restent. Tout au plus devons-nous – moi le premier – apporter davantage de soin et de temps à la préparation. L'interactivité naissante nous incite à sortir du studio grâce au téléphone. Les auditeurs posent eux-mêmes la question retenue. Un véritable patrimoine que j'évalue entre 70 000 et 80 000 interrogations culturelles et assimilées, dont sont bannis les vocables en « isme » et les « introuvables ».

De ce qui constitue un zoo des grands fauves de l'humour, j'assume allégrement le gardiennage. Y compris quand les tigres se rebellent et que je fais les frais de leur appétit. Tout y passe : ma petite taille, mon manque de diplômes, mon allergie aux langues étrangères, mes supposées promenades au bois de Boulogne, la nuit. Jusque-là, j'étais l'affreux Jojo qui, ayant toujours raison, s'adjugeait immanquablement le dernier mot, l'ultime réplique. En me laissant déposséder de cet exorbitant privilège, je m'humanise. Je perds en suffisance ce que je gagne en sympathie. À deux académiciens, l'un français, Jean Dutourd, l'autre Goncourt, Robert Sabatier, je réserve les questions les plus difficiles. Des primes récompensent les auditeurs dont l'érudition réussit à coller les Grosses Têtes. Le succès enfle. Bien qu'à vouloir l'expliciter, les augures perdent leur latin, on décline la formule : galas en province, livres, disques, cahiers de textes, tee-shirts, et bientôt la cerise sur le gâteau audiovisuel : une émission régulière sur TF1. En principe mensuelle mais plus fréquente chaque fois que la chaîne a besoin d'un samedi à fort audimat. Nous culminons à 13,5 millions de téléspectateurs. Quand nous faiblissons, ils sont quand même 9 millions à ne pas rater le rendez-vous.

La version télévisuelle est très différente de la formule radiophonique. Ne sont communs que certains participants, les questions pittoresques et l'animateur. Le reste d'une émission qui occupe deux heures et demie d'antenne est constitué par des chansons et des sketches écrits, répétés et joués par notre petite troupe. Quelques-uns sont des comédiens depuis longtemps confirmés, d'autres – comme Pierre Bellemare ou Stéphane Bern – font preuve d'un talent ignoré. Des invités d'honneur prestigieux – d'Ustinov à Bécaud – complètent l'affiche. Je ne convie que des vedettes acceptant de ne pas se prendre au sérieux mais il arrive que, sous des sarcasmes pas toujours galants, une chanteuse se vexe. Ainsi en fut-il de Marie Laforêt. Je l'annonçai. Kersauson lui dit : « Bonjour, grand-mère ! » Elle se leva et partit. On ne l'a jamais revue. Après six ans de bons et loyaux services, nous préférons arrêter la télévision en plein succès. Car nous sommes vidés, éreintés, sur les rotules. Tout le monde n'admet pas nos petites salacités. J'ai beau expliquer que dans la vie humaine plein de choses importantes se passent sous la ceinture, je me fais parfois remonter les bretelles. L'humour gaulois passe mieux sous forme de bonnes histoires.

L'émission de RTL se trouve à son zénith d'audience et de rentabilité lorsqu'un petit chef, promu directeur, décide de ne pas renouveler mon contrat. C'est son droit. Mais il n'a pas l'art ni la manière. Je le traite de gougnafier. Les confrères, qui adorent les trains qui déraillent, font chorus. Je suis dépassé. À plus de soixante-dix ans, je n'en demandais pas tant. Tandis que je traverse l'avenue Montaigne, pour œuvrer dans une station concurrente, les auditeurs de RTL fuient par centaines de milliers. Le gougnafier est éjecté. Son successeur, Robin Leproux, me rappelle. Je reviens. L'exil a porté conseil. J'imagine une formule plus dynamique, plus jeune. Toutes les dix minutes, il se passe quelque chose grâce à de nouvelles rubriques : les arrêts sur son qui permettent de réentendre les perles et morceaux de bravoure de notre sonothèque ; les coups de fil à des acteurs de l'actualité ou à des spécialistes priés d'expliquer ce que nous ne comprenons pas ; les jeunes talents auxquels j'ambitionne de mettre le pied à l'étrier, comme avec Le Théâtre de Bouvard ; la chanson préférée des invités d'honneur et, surtout, ces derniers qui donnent leurs lettres de noblesse à l'émission, permettant en se renouvelant chaque jour, d'oublier que l'équipe des panélistes, elle, change très peu. Grâce à Jacques Mailhot,

Jean Amadou, Bernard Mabille et Jean-Jacques Péroni, le traitement de l'actualité – surtout politique – devient extrêmement jouissif. Nous regagnons peu à peu le terrain perdu. Tant et si bien qu'Axel Duroux, qui succède à Robin Leproux, nous accorde une demi-heure supplémentaire. Et, presque immédiatement, l'écoute grimpe encore. Désormais tout le monde se bouscule pour se mêler à nos jeux. Même Brigitte Bardot, avec laquelle je suis fâchée depuis près d'un demi-siècle, accepte mon invitation et tombe dans mes bras. Je suis l'étalagiste d'une boutique à la mode et tous ceux qui ont un film, un spectacle ou un livre à vendre, entrent dans le magasin. Avec les bouquins, qui dépassent de plus en plus souvent cinq cents pages, le temps de préparation s'accroît. Une équipe augmentée et très performante m'aide à faire face mais il n'est pas rare que je doive consacrer cinq ou six heures en amont à une émission qui durera cent vingt minutes en aval. Une ombre au tableau : ceux qui, comme Zitrone ou Castelli, nous quittent. Et ceux qu'on est parfois contraint d'abandonner sur le bord de notre longue route.

Un projet auquel je pensais depuis longtemps se concrétise enfin : Paris Première assure une captation régulière des émissions qui sont rediffusées un grand nombre de fois. Nous en sommes là. Tout à l'heure, j'ai resigné avec RTL jusqu'à fin juin 2010. Que faire de plus sinon remercier, chaque matin avant d'aller enregistrer Les Grosses Têtes, ce bon Dieu, auquel je me défends de croire, de m'avoir offert le jackpot des machines à causer ? Avec, en témoignage de ces trente années de bonheur, mes morceaux les plus choisis.

Philippe BOUVARD

Chapitre 1

Les Grosses Têtes
s'étendent volontiers sur la femme

JEAN YANNE

Il y en a qui font l'amour sept fois par mois pendant vingt minutes ! Oh ! lala ! Oh ! lala, l'enfer !

PHILIPPE BOUVARD

Quelle est votre périodicité, monsieur Yanne ?

YANNE

Hein ? Je sais pas. En tout cas, la dernière fois, c'était avant le réveillon, hein. C'est tout ce que je peux vous dire.

BOUVARD

Et vous, le petit chauve qui rigolez bêtement ?

THIERRY ROLAND

Oh, moi, c'est quand ça se présente. Un coup, j'te vois, un coup, j'te vois pas.

JACQUES BALUTIN

Trente minutes, c'est long !

BOUVARD

Oui, mais il y a le commentaire, en même temps.

YANNE

Le problème, c'est le samedi soir on peut pas, parce qu'il y a la trilogie du samedi. Le dimanche, y a deux films sur la 1, alors on va pas non plus s'emmerder. Le mardi... Le vendredi faut faire maigre, alors qu'on en a qu'une grosse... C'est très difficile.

OLIVIER DE KERSAUSON

Eh, le lundi c'est la lessive, hein... Alors on la fait à la main.

YANNE

Le mercredi y a les mômes... J'vous dis : c'est très difficile.

BOUVARD

C'est-à-dire que vous êtes au-dessous de la statistique.

YANNE

Ah oui, oh ! lala !

BOUVARD

Donc y en a, pour qu'on arrive à ça...

YANNE

... qui font le double.

BOUVARD

Ouais.

YANNE

Pour qu'on se situe dans les normes.

BOUVARD

Mais peut-être que vous avez été plus vaillant, dans le passé.

YANNE

Dans le temps. Ça m'est arrivé de... doubler.

BOUVARD

Un coup l'hiver, un coup l'été.

YANNE

Le 14 juillet, et le...

ROLAND

Le 11 novembre.

KERSAUSON

Ah ben, c'est normal, le 11 novembre, c'est la fête des poilus.

*

BOUVARD

Qu'est-ce qu'une *backroom* en Angleterre ?

KERSAUSON

C'est un endroit où il faut des bottes pour marcher.

BOUVARD

Pourquoi des bottes ?

KERSAUSON

(Accent belge.) Parce qu'il y a du bon jus à pépère, partout.

BOUVARD

Dites simplement...

KERSAUSON

(Accent belge.) À moins que la moquette soit très absorbante... C'est des endroits fornicatouaires, on peut dire.

YANNE

Back, ça veut dire derrière. C'est donc des pièces où on se sert du derrière.

KERSAUSON

Voilà.

BOUVARD

Mais c'est pas réservé uniquement aux hommes.

KERSAUSON

(Accent.) Allez voir, vous verrez bien. Il va rentrer avec la biscotte trempée. Crois-moi.

MACHA MÉRIL

Eh, Jean, vous traînez dans des endroits comme ça ?

YANNE

Ben où veux-tu que j'aille ? J'vais même pas dans la pièce du devant, alors je vois pas pourquoi j'irai dans la pièce de derrière. Ça me gonfle, ces trucs-là !

BOUVARD

Mais qu'est-ce que vous reprochez au sexe, monsieur Yanne ?

YANNE

Je dis que c'est comme le Salon de l'agriculture : c'est plein de poils et ça sent la pisse !

*

YANNE

C'est pas fatigant : c'est épuisant ! Vous vous rendez compte, ce qu'il faut faire ? Non, mais vous rentrez chez vous, vous prenez une douche, vous sortez la voiture du garage, déjà vous effleurez l'aile parce que c'est trop petit, vous allez cherche la dame, elle est pas prête, vous l'attendez pendant une heure, vous allez boire un coup, elle vous dit des conneries, vous mangez dans le restaurant, et puis après... Pfff ! Elle veut boire un coup en sortant, elle vous emmène dans un truc, tout le monde fume, on tousse et tout. Et ses cheveux sentent le tabac... Beurk ! Vous rentrez vous coucher, vous parlez d'une soirée.

*

CARLOS

Olivier, je l'ai vu l'autre jour arriver dans une soirée, on peut dire en smoking blanc, il jette grave : il est beau, avec ses yeux bleus et tout, cette espèce de cran sur le côté, cette espèce de beauté un petit peu sublime, un petit peu...

BOUVARD

Sauvage, aussi.

CARLOS

Oui, sauvage, cette espèce d'odeur de varech qu'il dégage quand il arrive dans une soirée mondaine... Donc j'ai vu Olivier dans cette soirée.

MÉRIL

Tout en blanc et bleu.

CARLOS

Il ne discute jamais. Il aime pas discuter avec les filles. Et y avait une espèce de créature de rêve, d'un mètre quatre-vingt-trois, genre Marisa Berenson en mieux, ses yeux qui font le tour du visage, sa bouche qui fait cinq fois le tour, quarante-sept dents, belle comme tout. Il s'approche d'elle et il lui dit : « Dis donc, toi et moi on baise ? » La fille dit : « Oui, chez toi ou chez moi ? » Il dit : « Si tu commences à discuter, c'est pas la peine. »

*

CARLOS

J'avais trouvé un truc. J'avais des petites boîtes d'allumettes ou j'avais fait imprimer dessus : « Mademoiselle, vous êtes sublime, j'ai très envie de faire l'amour avec vous, si vous êtes d'accord, souriez. » Et quand tu montrais ça à la fille, elle se marrait toujours. Le drame, c'est que les mecs qui étaient avec elle aussi.

*

SIM

Moi, ce que je regrette toujours, c'est que dans les soirées dansantes on ne peut plus utiliser le stratagème de la bouteille de Coca. C'était quand même formidable.

BOUVARD

Comment faisiez-vous ?

SIM

Je mettais une bouteille de Coca dans ma poche gauche, et je dansais le slow avec une fille, qui me disait : « Qu'est-ce que c'est, là, ça me gène, et tout ? » Elle rougissait et moi je disais : « Ah ben... » Et j'expliquais pas trop ce que c'était. Elle me disait : « On peut pas changer de jambe ? » Alors on changeait de jambe et c'est là que je l'attendais...

*

KERSAUSON

De toute façon, avec une bonne levrette, elle voit pas notre gueule, hein. Voilà ce que c'est qu'être sentimental.

FRANCIS PERRIN

C'est vrai qu'on dit rarement d'un homme qu'il est beau, et qu'on dit rarement d'une belle femme qu'elle est bien burinée.

KERSAUSON

Non, mais c'est beau, un homme ! Parce que ça représente la virilité, la puissance...

ÉVELYNE LECLERC

Quand vous vous voyez dans la glace, le matin, vous vous trouvez beau, vous ?

KERSAUSON

Non, non, j'me trouve pas beau. J'me vois pas parce que le matin, en général, j'ai une érection qui bouche la vue, donc j'arrive pas à me voir.

MICHEL GALABRU

Eh ben, vous en avez de la chance !

*

KERSAUSON

J'ai joué parmi les menhirs quand j'étais petit. Les gonzesses, elles venaient se frotter les parties génitales, qui sont pas très apparentes chez la femme, comme vous le savez, afin d'essayer d'obtenir des systèmes de fécondité. Et nous, cachés dans les menhirs, nous brandissions des petits instruments qui étaient beaucoup plus aptes que cette grosse pierre, avec l'avantage que nous, nous n'avions pas des escargots et des limaces qui nous grimpaient dessus, ce qui arrive aux menhirs. Mais c'est charmant.

YANNE

Non, mais c'est un jeu d'adolescents bretons, le menhir. On se cache derrière un menhir, et on dit : *(Petite voix.)* « Oui, mon enfant, c'est la voix du menhir, tourne-toi, ferme les yeux... »

KERSAUSON

Ouais, tu vois, t'es... Il a joué à ça, aussi. Ça s'appelle la levrette de pierre.

*

BALUTIN

Un jour, un soir d'été, on avait été invités par une amie qui fêtait la fin d'une pièce qu'on avait jouée ensemble, et elle habitait square d'Eyleau, dans l'avenue Poincaré, je crois. Ça s'appelle un square, mais c'est pas un square, c'est un carré fait par de très, très beaux bâtiments, elle était sur un des côtés du carré, et presque toutes les fenêtres à côté étaient ouvertes puisqu'il faisait très chaud, c'était l'été. Il devait être environ minuit, on avait fini de dîner et on était dans un salon, toutes les fenêtres ouvertes, on bavardait en prenant un verre, et d'un seul coup, venant de quelque part de cette cour, qui était immense, on entend une dame qui faisait sa petite affaire avec Marcel. Et le mec s'appelait réellement Marcel, ce qui est déjà bien pour ce genre de machin. Et elle faisait : « Oh, Marcel, oh, Marcel, ohh, Marcel, ohhh Marcel !... » Je vous en passe et des meilleures. Ça dure un long moment, et elle finit sur un énorme cri : « Marceeeeel ! » Crac. Noir. Il se passe trois secondes, et on entend une autre voix dans la cour, qui fait : « Bravo, Marcel. »

*

GALABRU

Dans la vie, tout le monde joue. Même Dieu joue, puisqu'il fait des décors étonnants. Et il ment : tout le monde ment. C'est la fleur qui s'ouvre pour attirer l'insecte et qui se referme pour le bouffer : c'est le Créateur qui a fait ça, donc il ment. Et la femme, avant de se faire épouser, elle a un jeu. Elle ment. Vous lui offrez un café, elle dit : *(Doucereuse.)* « Non monsieur... » Deux ans après : « Et mon vison, il arrive ?! »

*

GALABRU

Tout ça est basé sur l'hypocrisie, parce que le mariage est une chose très difficile, très dure. C'est un prêtre qui le disait d'ailleurs il n'y a pas tellement longtemps : « La fidélité était possible parce que les gens mouraient très vite. » La fidélité ne durait que dix, douze ans. Y en avait toujours un qui disparaissait. Tandis que maintenant on vous demande d'être fidèle pendant trente, quarante, cinquante ans ! Et c'est pas fini, puisque la science nous promet des vies jusqu'à cent cinquante ans. À cent cinquante ans, devant votre femme qui en a cent vingt ! Quelle issue ? La migraine.

*

GALABRU

C'est très curieux, parce que, au fond, tout ça n'est pas bien grand. Le petit sexe de la femme est minable, cette espèce de petite touffe... Pfff... Et puis la zigounette de l'homme, qui est assez ridicule, cette espèce de bouchon de carafe qui n'a aucun intérêt... Pourquoi depuis des millénaires les gens se fendent la gueule dessus ? Alors que c'est profondément ridicule ! Et que le va-et-vient est stupide !

KERSAUSON

Ah ouais, ah ouais, ah ouais. Il devrait suffire d'une seule fois.

GALABRU

C'est vrai, tout ça. Et celui qui a inventé ça est génial ! Mais, dans la dérision, pourquoi il a fait ça ? Cet homme, qui était... Réfléchissons, mes frères, aujourd'hui. En ce jour après Pâques, réfléchissons, pourquoi, pourquoi cet homme, ou ce Dieu, cet être, qui était tout-puissant, qui pouvait tout faire, qui a tout créé, pourquoi il a fait tout ça, et pourquoi a-t-il eu besoin, pour procréer, d'imposer, je dis bien d'imposer, cette introduction... Oui, y en a qui font les dégoûtés, mais qui, dans une demi-heure, vont s'y adonner, pourquoi cette nécessité d'introduire ? Tout ça mérite beaucoup de réflexions.

*

GALABRU

La femme est très cabot. Moi, je les comprends mieux, les femmes, parce que je suis un peu cabot. C'est-à-dire que tu m'as reconnu, mais je fais le type qui s'en fout. Vous voyez : je passe. Et la femme, c'est un peu ça : Je suis belle, je t'emmerde, je suis belle, je t'emmerde. On les voit dans les rues. Elles montrent un peu leurs seins sans les montrer tout à fait, sans le dernier bouton. Pourquoi ? Les ouvertures sur le cul : des moulages. Des moulages effrayants ! Tout ça pour mettre en valeur tous leurs appâts sexuels qu'elles ont beaucoup plus évidents que nous. Mais y a pas grand-chose à peloter quand même ! Vous comprenez ? Enfin bref, quoi. Et puis dès que le printemps arrive, je ne voudrais pas être grossier, mais j'avais un ami qui affirmait, c'est pour dire l'affolement des hommes, que dès que le printemps arrive – j'ose pas prononcer le mot – il faudrait des bites partout.

*

BOUVARD

Vous aussi, monsieur Michel, il vous est arrivé, surtout dans votre jeunesse, d'être lyrique sur cette partie de votre anatomie ?

GALABRU

Non. Pas du tout. Je me suis abstenu de toute description. L'ayant assez petite, je ne me vante pas. Je me suis consolé avec des femmes qui me disaient que quand elles étaient trop grosses, ça les effrayait. Et que ça leur faisait mal. Alooooors... Et il paraît qu'avec une paille, ça fait autant d'effet. À condition que vous mettiez la paille où il faut. Voilà. Voilà, nous avons bien pataugé...

SIM

Moi, j'aime beaucoup la phrase du boucher à la cliente qu'il a coincée dans la chambre froide : « Y a un peu plus que le poids, je vous le mets quand même ? »

*

GALABRU

Moi, j'ai déjà eu des aventures à l'hôtel. Rendez-vous à 17 heures. Et puis le soir : « Voulez-vous boire quelque chose ? » Rien. Je savais plus que faire. Je me dis : « Elle est trop habillée, je la déshabillerai jamais. » Un coup de télé phone. Un journaliste me demande une interview sur de Funès, au téléphone et, en répondant à l'interview, je me la suis tapée.

YANNE

Ça doit être de là que vient l'expression : Les téléphones sans fil.

*

GALABRU

Moi, j'ai eu plutôt des déboires, parce que y en a une qui disait brusquement, pendant que je la besognais : « Qu'est-ce que tu crois que je mets demain ? »

BOUVARD

Et vous lui avez répondu : « Occupe-toi de ce que je mets aujourd'hui ! »

GALABRU

Voilà. Et puis une autre, qui s'est endormie. Et comme, chaque fois qu'on allait prendre de l'essence, elle me disait : « Faisons le plein », parce qu'on lui donnait une tasse en cadeau, et dans son sommeil, elle devait rêver, elle me disait : « Est-ce que tu as fait le plein ? » C'est des choses dont on ne se vante pas. Mais il y avait cette célèbre comédienne, c'était une tragédienne, donc elle avait des mots amples : « Prends mon rythme, prends mon rythme, aah, prends mon rythme ! Aaah, apothéose ! »

*

YANNE

Moi, je trouve que ce qu'il y avait de mieux aux États-Unis, dans le Nevada, ça doit encore exister, c'était qu'on pouvait louer des chambres décorées pour les fantasmes des gens qui vont dedans. C'est-à-dire que vous aviez envie de vous taper une gonzesse des cavernes, vous appeliez, on vous faisait un devis, on vous disait c'est 8 000 dollars, vous disiez d'accord et voilà. Et on installait une grotte, une nénette en peau de bête, des os par terre, et tout. Alors y en avait qui se déguisaient, en atelier de costumes. Ça, c'était bien. En Californie, y avait un truc formidable, maintenant ça a été arrêté, ça n'existe plus, c'était qu'en fonction d'une loi dont je ne connais pas le numéro, on ne peut pas considérer comme faute sexuelle quelque chose qui relève de la thérapie. C'est-à-dire que le type dit : « Moi, je suis malade, je peux pas assurer mon travail, je peux pas me concentrer, je peux pas m'occuper de mes enfants si on me fait pas une petite bouffarde deux fois par semaine. » Alors il signe un papier et il peut aller dans cet endroit où il y a des infirmières qui font de la thérapie. Des thérapies.

*

YANNE

Ben oui, j'ai dit : « Sentimentalement, je m'exprime sans débauche gestuelle, dans un contexte de sentiments excluant toute hypocrisie néo-bourgeoise, mais ma taciturnité apparente contient en réalité une affectivité structurée à partir d'un cynisme formel, qui transcende des élans passionnels garantissant l'autodétermination de la femme en tant qu'entité physique intellectuelle, et plus simplement je baise le samedi soir. »

*

BOUVARD

Après avoir fait l'amour, dans quel état d'esprit êtes-vous ? D'après la statistique, 91 % des hommes sont plutôt joyeux...

YANNE

(Chantant, guilleret.)

« Lalala.... J'ai bien tiré mon petit coup... Laladi ladon, lalala lalalaire, laladi lalon lalala lala... » Ça, c'est la formule scout. Ça rythme. « J'ai tiré ma petite crampette, laridon lala laridon lala... »

*

YANNE

C'est pas recommandé non plus qu'elle se déshabille.

BOUVARD

Vous êtes contre ?

YANNE

J'aime mieux qu'elle garde des bricoles.

BOUVARD

Vous auriez vu quoi, par exemple ?

YANNE

Moi je sais pas. Un petit attirail !

BOUVARD

Mais qu'est-ce que vous appelez le petit attirail ?

YANNE

Eh ben, je sais pas quoi, moi ! Les trucs, des petits...

SIM

Les bas ?

BOUVARD

Les porte-jarretelles ?

YANNE

Ouais. Les jarretelles, les cuissardes, les machins, les trucs...

SIM

Des bricoles.

CARLOS

Des gants Mappa.

SIM

Une cagoule.

BOUVARD

C'est un peu désuet tout ça.

YANNE

Mais écoutez, c'est désuet : c'était de mon époque ça !

CARLOS

Moi aussi.

YANNE

J'ai un peu la nostalgie de ça. Les gonzesses que je vois dans la rue avec des jeans trop larges et des fers à repasser aux pieds, c'est pas bandant...

*

SIM

Une fois y a une fille qui me disait : « Ah, parle-moi ! Dis-moi quelque chose, dis-moi ce que tu veux ! » Moi, je voulais surtout rentrer chez moi. « Oh, vas-y, oh mon grand coquin, ma grande bête amoureuse, elle disait, oh, dis-moi ce que tu veux ! » Et je me suis entendu dire : « Ah, je veux, je veux... » « Oui, qu'est-ce que tu veux ? » Et je disais : « Je veux, je veux, je veux... *(Chantant.)* revoir ma Normandiiiieee... »

*

RÉGIS LASPALÈS

Le mariage, c'est peut-être seulement une question de volonté. Seulement une fois que t'as la bague au doigt, faut pas te laisser tenter.

PHILIPPE CHEVALLIER

Par quoi ? Par une plus belle ?

LASPALÈS

Ouais. Ou une moins moche.

CHEVALLIER

L'avantage du visage ingrat ou du corps disgracieux, c'est qu'il fait pas d'envieux. Tu peux aller peinard en vacances, le play-boy du camping te piquera pas ta femme.

LASPALÈS

C'est quand même agréable d'être au bras d'une jolie fille.

CHEVALLIER

Oh, parce que tu considères la femme comme une décoration. Alors que c'est simplement un bâton de vieillesse sur lequel tu pourras t'appuyer. C'est tout.

LASPALÈS

La nuit, quand tu caresses ses cheveux, c'est important que ce soit des vrais.

*

LASPALÈS

Tu peux lui offrir un whisky, comme ça elle voit que t'es haut placé. Tu lui offres pas de Ricard, c'est une boisson d'employés.

CHEVALLIER

Eh ouais. Et le champagne, alors ?

LASPALÈS

J'ai bien réfléchi. Le champagne, c'est pour les putes. Tu sais, dans les films : *(Accent mac.)* « Une coupette, Josie ? »

*

KERSAUSON

Je vais vous parler de mon sexe d'une façon qui me répugne. J'adore mon sexe. On vit ensemble depuis longtemps, on sort beaucoup ensemble.

BOUVARD

Monsieur de Kersauson, est-ce que vous l'avez déjà rattrapé depuis que vous courez derrière ?

KERSAUSON

Si vous continuez à me parler mal, je vais vous faire courir devant, vous allez voir. L'horrible sensation d'être poursuivi par un bulldozer. Non, non, non, ne plaisantez pas avec ça. Le sexe est un appareil, de grande taille, bon, c'est vrai, qui nous a été donné par Dieu, bon, pour nous amuser, nous, avec des copines. C'est tout. Mais faut pas abîmer cette image du sexe, qui est un engin délicieux, de grande taille, c'est vrai, je répète...

BOUVARD

Vous n'avez pas l'impression que vous tirez un peu dessus ? Vous pensez qu'il faut mettre toute sa fierté dans les dimensions ?

KERSAUSON

Oui. Y a que là que je peux la mettre, ma fierté. J'ai une immense fierté. Donc, il me faut d'énormes dimensions pour la mettre. Non, mais on parle de sexe, mais ça me gêne vachement. Parce que je sais que vis-à-vis des autres, c'est pas juste. C'est une inégalité que les socialistes risquent de vouloir encore supprimer.

PERRIN

Tu vas te la faire taxer.

KERSAUSON

D'ici qu'ils me passent à la machine à couper, non. Moi, je veux pas qu'on parle de sexe

BOUVARD

Mais à partir de quand vous êtes-vous aperçu que vous étiez particulièrement gâté par la nature ?

KERSAUSON

Petit, j'ai failli mourir étouffé.

*

GALABRU

Parce que, moi, j'ai eu une expérience fâcheuse. Une femme qui voulait une audition à tout prix. Moi, j'étais allé chez elle sans intention malhonnête...

BOUVARD

Parce que vous auditionnez les femmes chez elles ?

JEAN-JACQUES PÉRONI

Oui, tant qu'à faire...

GALABRU

Parce que moi, je suis curieux... Qu'est-ce qu'il dit, Péroni ? Moi, je suis un type curieux, c'est-à-dire avec une certaine naïveté. Je suis entré là, si je puis dire, et dans la dame, presque sans m'en apercevoir. Mais elle m'a dit, alors que j'allais l'écouter, elle s'est déshabillée, je me souviens toujours, elle m'a fait déshabiller aussi et elle m'a donné une chemise de nuit d'elle. L'audition s'est passée comme ça, moi en chemise de nuit qu'elle m'avait donnée, et je n'ai pas osé me regarder dans la glace. Elle a été très rapide, ça n'a même pas demandé cinq minutes, et après j'ai dû me farcir tout le *Misanthrope* !

*

LE PETIT-FILS DE FERNANDEL

Mon grand-père revenait de chez mes tantes qui habitent en face de l'appartement, dans un petit studio avenue Foch, donc mon grand-père rentre à pied, et tout d'un coup y a une pute qui lui fait : « Alors chéri, tu viens ? » Il lui dit : « Vous vous foutez de moi ? Vous savez qui je suis ? » « Ben justement, avec ta gueule tu peux monter au galop. »

*

THIERRY ROLAND

Y a un truc qui est formel, on ne peut pas dire le contraire. C'est que le bon Dieu, c'est quelqu'un de très bien, le bon Dieu. Quand il a créé le monde, il a d'abord créé l'homme. Oui, d'accord. Et comme il lui restait un petit peu de matière, pour pas jeter, il a fait la femme. Mais il a d'abord fait l'homme. Ça, c'est une certitude.

JULIETTE

Oui, monsieur Roland. C'est parce que tout chef-d'œuvre a besoin d'un brouillon.

*

GALABRU

Les femmes m'ont un peu ruiné. Je ne devrais pas dire ça, mais si j'avais tout l'argent que j'ai donné aux femmes, mes frères, car j'ai gagné quand même un peu d'argent, j'aurais au moins deux châteaux. Deux châteaux. Eh bien, je l'ai dans le baba. C'est passé dans la jarretelle.

CARLOS

Oui, mais est-ce qu'il ne vaut pas mieux avoir dix mille jarretelles que deux châteaux ?

*

JEAN-PIERRE COFFE

On peut procurer, c'est quand même l'essentiel de la relation sexuelle, beaucoup de plaisir aux autres sans pour autant se servir de son sexe.

BOUVARD

Ne condamnez pas la virilité. Elle peut rendre des services.

COFFE

Ah, vous verrez : la panne, quand ça arrivera, et qu'il y aura de la demande en face, vous serez bien obligé d'y aller avec autre chose, hein !

BOUVARD

Est-ce qu'il vous est arrivé d'utiliser comme matériel, puisque c'est votre mot, un légume ?

COFFE

Évidemment !

YANNE

Mais 50 % des végétaux ça a cette forme-là. Depuis le radis noir jusqu'à la banane. Alors c'est pas dur...

COFFE

Vous savez même pas qu'il y a une banane qui s'appelle « Ouille ouille ouille maman » ! C'est son nom botanique.

ROLAND

Y a une banane qui s'appelle « Ouille ouille ouille maman » ?

COFFE

Oui.

ROLAND

Ah ! Ah ! « J'voudrais des Ouille ouille ouille maman ! »...

*

BOUVARD

D'où ça vient votre fascination pour la porte cochère ?

YANNE

Parce que la porte cochère, c'est la liberté. Personne ne vient vous embêter chez vous, puisque personne ne dépasse la porte cochère. Déjà dans l'escalier... Si on passe la porte cochère et si elle s'installe dans l'escalier, c'est déjà compromis. Parce qu'on ouvre la porte, hop, et elle s'engouffre. Tandis que la porte cochère, hop, le temps qu'elle trouve le code, c'est fait. Qu'est-ce que vous voulez ? De la tendresse, en plus ? Y avait un type, un agent, à Paris, il s'appelait Béart, un agent de spectacles, il disait : « Il faut toujours faire l'amour debout, parce que, autrement, on se couche, on s'endort et on fait des promesses. »

*

YANNE

La première fois, ça m'a laissé aucun souvenir, dites donc.

FRANCIS PERRIN

C'est sympa pour ma sœur.

YANNE

Non, ça devait être avec une dame qui faisait ça aussi avec d'autres, je crois.

PERRIN

Une professionnelle ?

YANNE

Oui. Écoutez, je voudrais pas rivaliser avec vous, j'irais pas jusqu'à dire que c'était à treize ans et demi aussi, mais moi, quand j'allais au collège, on avait le choix le jeudi entre la visite du musée du Louvre ou le stade. Alors je choisissais le musée du Louvre.

PERRIN

Pourquoi ?

YANNE

Parce qu'on revenait par la rue Saint-Denis.

*

KERSAUSON

Macha, elle respecte l'homme.

MÉRIL

Je crois que vous êtes vraiment dans la merde. Parce que votre situation et devenue très, très difficile.

KERSAUSON

Pas du tout. Pourquoi ?

MÉRIL

Parce que vous n'arrivez pas à encaisser l'autonomie de la femme et que vous ne savez pas comment vous y prendre. C'est tout.

KERSAUSON, YANNE

Attends ! Pas du tout !

KERSAUSON

Mais moi, j'adore la voir travailler.

YANNE

Mais moi, j'encaisse, moi.

KERSAUSON

La voir partir travailler, quel bonheur !

MÉRIL

Ce qu'on ne dit pas, c'est que la moitié des couples maintenant, c'est l'homme qui s'occupe des enfants, qui reste à la maison, et c'est la femme qui va travailler.

YANNE

Non. La moitié des couples maintenant, c'est l'homme qui s'occupe des enfants et l'autre homme qui va travailler.

*

YANNE

Moi, j'aime pas beaucoup ne pas avoir de caleçon. D'abord parce qu'il y a des crabes.

Kersauson

Le fait de retirer son slip, c'est quand même un signe de bienvenue.

Yanne

Puisque maintenant on n'a plus de chapeau. Bonjour madame... Un peu d'allure... Non, mais les dames nues, encore, ça peut être désirable, mais un mec à poil, c'est pas très désirable...

Kersauson

Ben, faut leur bander les yeux. Remarque c'est vrai, elles te regardent tout de suite au-dessous de la braguette, les gonzesses. Non, c'est vrai, c'est incroyable. Les bonnes femmes, elles regardent un mec, elles regardent le sexe, tout de suite. Elles baissent les yeux pour voir s'il a un beau gigot, le monsieur.

Yanne

Dis donc, sur la plage, pour qu'un mec il ait le zizi qui passe du gris au vert pomme, il faut qu'il soit resté dans l'eau pendant un bon bout de temps, hein ! C'est vrai, ça m'avait choqué : je suis allé qu'une seule fois dans un truc de nudistes, pour tourner. On a fait un repérage et finalement on n'a pas tourné. Y avait des gens qui déjeunaient. Et y avait une bonne femme qui avait posé ses seins sur la table pour pouvoir bouffer. C'est quelque chose qui m'est resté. Elle avait posé ses seins, son assiette était devant, et évidemment elle pouvait pas approcher l'assiette. Le mec, en face, il était à poil aussi, il y avait la table... C'était une horreur, une horreur !

*

Yanne

J'vais vous dire un truc. J'étais un iour dans un café, un établissement de boissons, n'est-ce pas – j'étais très jeune –, de la rue de Palestro, que nous fréquentions le soir pour boire des coups. Et il y avait une dame qui était là, une vieille prostituée – je vais essayer de ne pas être vulgaire, mais ça va pas être facile. Il y a une vieille tapineuse qui était au comptoir, et rentre une fille qui dit : « Oh ! lala, dis donc, quelle vie ! J'en ai marre. » L'autre lui dit : « Mais qu'est-ce qu'il y a ? – J'en ai marre. Finalement maintenant, j'en ai marre. Si j'avais fait autant de kilomètres que j'ai pris de centimètres... – Tu vas pas te décourager. Y a combien de temps que tu fais ça ? – Ça fait à peu près quarante ans. » Et la fille sort un papier et elle compte : « Quarante ans... Combien t'en faisais par jour ? Dix.. Quarante par dix... Qui faisaient combien, une moyenne de quinze centimètres ?... Bon, t'as pas de pot, t'es même pas à Fontainebleau ! »

*

Jean-Marc Lech

Les sondages sur la sexualité sont ceux qui sont les plus durs à faire. Pour le coup, on ne sait pas où est la vérité. Il y a une différence entre les hommes et les femmes sur deux sujets, alors qu'ils le font ensemble : 1) La taille du pénis en érection : y a six centimètres de plus déclarés par les hommes que ceux déclarés par les femmes. C'est énorme. 2) La durée du rapport sexuel : il y a une demi-heure de plus chez les garçons que chez les filles.

*

KERSAUSON

L'homme veut connaître la femme pour avoir une discussion dans la franche camaraderie et l'honnêteté. Cette salope-là, elle commence à se mettre à poil, à se jeter dans le plumard et tout, et à chaque fois, le mec, il dit : « C'est vachement décevant, c'est pas ça qu'on attend des femmes à l'aube du troisième millénaire, qu'elle ouvre le lit... Au contraire, on voudrait qu'elle minaude, qu'elle nous parle de culture... »

YANNE

Qu'elle répare un peu les vêtements, qu'elle les recouse, toutes les petites choses qui... Moi, si j'avais une dame qui vienne à la maison, comme ça, avant...

KERSAUSON

... la première fois...

YANNE

... la première fois, j'aimerais quand même qu'elle fasse la vaisselle, le ménage, le repassage qu'on voit ce qu'elle sait faire, quoi !

KERSAUSON

Ouais, et puis on peut préférer se faire nettoyer la bagnole plutôt qu'astiquer le reste...

*

KERSAUSON

La levrette, c'est quoi ? C'est laisser la possibilité à la femme de rêver à un autre. Ce qui est une grande délicatesse. Tandis que dans le missionnaire, vous êtes là, avec votre haleine fétide de mangeur d'ail...

BOUVARD

Le Kama-sutra énumère plus de trente positions...

KERSAUSON

C'est un truc de pervers, ça. Ah, il faut avoir les deux pattes tordues, la tête coincée sous le lit, et un doigt dans le réfrigérateur... Tandis qu'une bonne petite levrette... « Qui c'est qu'est là ? Devine, Marguerite. » Alors elle est obligée de citer tous les noms du village. Trop tard : tac !

*

KERSAUSON

Y a que nous qui sommes d'une faiblesse avec les femmes. C'est incroyable ! Je vois un mec qui élève une femme chez lui : tout le monde trouve normal que quand on vit avec des cobras on leur retire les crocs. On laisse les dents à la femme. D'abord, une femme qui a des dents, ça mange plus, ça mange de la viande, et c'est cher la viande. Alors que là, vous la nourrissez rien qu'au bouillon de légumes. Et c'est pas ça qui l'empêche de pousser un aspirateur, hein. Moi, je suis pour la suppression des dents chez les femmes.

CHARLOTTE DE TURCKHEIM

Tu sais, il plaisante à peine. Regarde ce qu'on faisait avec les pieds des Chinoises...

KERSAUSON

Mais elles mangent pas avec leurs pieds ! Depuis qu'on s'occupe bien des femmes, les pays qui marchent encore, c'est les pays où les femmes n'ont pas de place : « Mets ton tchador, rentre à la maison et fais la vaisselle ! »

*

YANNE

Y a un truc qui est formidable à Vegas, d'un sordide achevé, c'est les boîtes de strip-tease amateur pour les gonzesses qu'ont plus de tunes. Alors elles ont joué, pouf pouf, elles ont tout paumé, il leur reste rien du tout, et là, jusqu'à quatre, cinq heures du matin, y a des boîtes de strip-tease, et là les mecs leur donnent vingt dollars pour se foutre à poil, et elles se mettent à poil avec les vêtements de ville qu'elles ont. Tu peux pas savoir comme c'est pitoyable !

BOUVARD

Elles se font quelques dollars, comme ça ?

YANNE

Oui, on leur file vingt dollars. Et puis après elles repartent pour jouer, pour se refaire. On leur envoie de la musique. La mère Denis qui enlève son grimpant, j'te dis pas...

*

KERSAUSON

Elle doit être bonne, la petite Hermine. Elle doit être bonne quand même, hein.

BOUVARD

Quelle est votre définition d'une femme qui est « bonne » ? C'est pas seulement le caractère. La gentillesse ?

KERSAUSON

Elle est bonne ? Quand elle est bonne ? Y a les formes, la démarche, le sourire, tout ça. Un peu comme un maquignon. Un maquignon, il achète des vaches, il se trompe de temps en temps mais pas toujours.

BOUVARD

Qu'est-ce que vous regardez chez la femme ?

KERSAUSON

Heu, la culotte, les avant-bras, la constitution générale, l'odeur, la démarche, tout ça... Oui, elle doit être bonne.

BOUVARD

Vous vous êtes jamais trompé dans votre appréciation ?

KERSAUSON

Oh, à la fin on a tellement envie, même si y a un défaut on y va, hein.

BOUVARD

Non, mais attendez, dans le ballet de la séduction, au moins au début...

KERSAUSON

Dans le ballet de la séduction y a le manche à pépère !

*

KERSAUSON

Il est vraiment abîmé en ce moment. Mais c'est le rut, le rut printanier lui obscurcit les yeux, lui bouche les oreilles, il n'est plus qu'une machine. Dès qu'il y a les fleurs sur les marronniers, il devient fou, comme ça. Regarde là, là : il est impatient. Tu vas livrer tout à l'heure, mon pépère ? Tu vas répandre ? « C'est monsieur Fifi ! L'épandeur de bonheur ! Bonjour mesdames, le cul à la fenêtre, je passe dans la rue ! Ah oui !! Monsieur Fifi, l'arroseur de l'amour dans votre quartier demain à dix-huit heures ! Chaud devant, je tache ! Des gamines aux moins jeunes, il y aura du bonheur pour tout le monde ! »

BOUVARD

Je trouve cette publicité plutôt flatteuse.

KERSAUSON

Ah, mais elle est pas mensongère, en plus. « Et on livre même à la campagne, au bois de Boulogne ! Et hop ! Bonjour madame ! »

*

KERSAUSON

Dans mon premier poste de radio (posé sans bruit sous la lampe), y avait votre voix, Ménie Grégoire, et vous confessiez des hommes et des femmes. Vous leur apportiez le réconfort. Et moi, bien que jeune, à peine pubère, le plaisir s'emparait de moi, lorsque j'entendais ces femmes qui vous racontaient des choses lointaines et pour moi déjà désirables, je ne désirais, moi, que votre voix, qu'un seul regard de vous, quelque chose qui puisse donner fin à ce trouble profond, à cette adolescence perdue que j'avais sur la langue... Ménie, je vous ai imaginée cent fois. Jamais je n'ai pensé que vous fussiez si belle et si douce, que vos yeux étaient capables de regards qui, même à un homme de vertu, ouvraient les voies à la perdition. Je comprends maintenant aujourd'hui pourquoi c'était de la radio et pas de la télévision.

*

BOUVARD

Vous imaginez les enchères, là ?

KERSAUSON

Oui. « 4 francs la Mauricette, elle est fraîche, elle est jeune, elle est propre, elle a du savon sous les aisselles ! Allez, 4 francs la Gertrude, cent vingt kilos, du poil partout pour ceux qui aiment l'araignée de l'amour, je la vends : vous voyez son papa, vous voyez sa mère, elle deviendra comme ça, pour 8,30 francs ! Chaud devant, je tache. Ma fille infirme, livrée avec entièrement ses deux béquilles, pour 3,10 francs ! Et les jumelles, les siamoises, un coup pour deux ! Les indélébiles : l'une ne peut pas se sauver à l'aveugle pour l'autre. Elle est belle, elle est belle, elle est belle ma gamine !! »

*

BOUVARD

Vous pourriez, amiral, faire une lettre d'amour type, passe-partout ?

KERSAUSON
(Guitare de fond.)

« Ma chérie. »

BOUVARD

Ça, c'est passe-partout, hein.

KERSAUSON

Ouais. J'ai dit : il faut faire du standard. « J'ai beaucoup regretté l'autre jour de pas avoir eu le temps d'en dire plus » – elles aiment bien qu'on leur parle. « M'éloigner de toi était quelque chose de douloureux » – on ne précise pas qu'on avait un caillou dans la chaussure et qu'on avait du mal à marcher. « J'espère te revoir dimanche prochain » – vu que je t'ai prêté dix sacs, faut que tu me les rendes. « Aucune femme ne m'intéresse autant que toi » – étant donné que tu gagnes au loto. « En espérant te revoir je te couvre de baisers » – ça ne coûte rien, surtout quand on le fait de loin, parce que si on le fait de près et qu'elle est sale, c'est répugnant. « À très bientôt mon amour » – c'est tout à fait commun, hein, en plus on peut la faire ronéotyper la lettre, on peut l'envoyer à sept ou huit gonzesses, parce que si on commence par Micheline, on est planté pour toutes les autres. « À très bientôt » – et sur ce, je te mets une bande magnétique que m'a faite un copain, et c'est une stéréo pareille, et si avec ça elle tombe pas, c'est qu'elle est plus maligne qu'on avait cru, et faut changer de méthode.

*

AMANDA LEAR

Les hommes ne veulent plus s'emmerder à sortir avec une fille.

KERSAUSON

Oh oh oh oh... Tu connais un mec qui parle pendant un quart d'heure à son sandwich avant de le bouffer, toi ? Les bonnes femmes, c'est encore pire ! Elles voudraient que tu leur parles après. C'est comme s'il fallait que tu parles au papier du sandwich ! « Tu sais que t'étais un bon papier, toi ? Oh, c'était un bon papier gras, là, il était mignon ! Un bisou sur le papier gras, là. » Salopes de bonnes femmes ! Je suis pas misogyne. Ça, on peut me reprocher beaucoup, mais pas ça : je suis pas misogyne. Y a des jours, quand je pense à ce qu'ont fait les femmes à notre société ! Alors qu'avant elles pouvaient quand même... tranquillement balayer la cuisine ! Mais c'est le jour où on leur a acheté des aspirateurs qu'elles ont compris, tu vois. Y a eu un tilt dans leur tête de rat, elles sont passées de l'aspirateur à la mobylette, de la mobylette à la bagnole, de la bagnole à l'égalité, et de l'égalité à la solitude.

BOUVARD

Ah, quel beau raccourci, amiral.

KERSAUSON

Oui. Admirable.

Chapitre 2

Les Grosses Têtes déposent le bilan de notre société

JEAN YANNE

Y a 10 % de gens qui meurent du tabac, et 15 % des gens qui meurent de l'alcool. Ça fait 25 %. Et y a à peu près 25 % de gens qui meurent à l'hôpital et 45 % de gens qui meurent dans un lit. Donc, si vous voulez, au lieu de supprimer le tabac et l'alcool, qu'on commence déjà par supprimer les lits et les hôpitaux. Parce que, si on supprimait les lits et les hôpitaux, y aurait plus que 25 % de morts, les mecs qui fument et les mecs qui boivent. Est-ce que mon calcul est juste ?

OLIVIER DE KERSAUSON

Complètement, complètement.

PHILIPPE BOUVARD

On réfléchit pas assez...

YANNE

Mais parce que moi, je suis pas allé à l'université de Montluçon pour rien.

*

KERSAUSON

Les pauvres, ils en profitent quand même trop. Regardez le nombre de pauvres qui chantent à tue-tête toute la journée, qui sont de bonne humeur et tout ça. C'est facile d'être pauvre, hein, de penser à rien. Alors que nous, les gens vraiment riches, on a des soucis énormes : quand il faut changer d'avion personnel, quand il faut refaire deux ou trois châteaux... On est obligés de s'occuper de ça. Il est grand temps que les pauvres aient des soucis, voilà !

YANNE

C'est pas facile de suivre les cours de la Bourse, sur les ordinateurs, tous les jours, pour savoir combien on a gagné.

KERSAUSON

Souvent, on n'est pas couchés avant la fermeture de Tokyo. Un pauvre, à six heures, il peut faire ce qu'il veut.

*

BOUVARD

Les utilisateurs de certains téléphones mobiles vont avoir droit à la gratuité des communications s'ils acceptent d'être interrompus dans lesdites communications par un message publicitaire.

YANNE

C'est extraordinaire.

BOUVARD

Vous imaginez les conversations d'amoureux ?

YANNE

Ah, bien sûr : « Chérie, je te vois ce soir ? Oui. Allô, McDonald ? .. »

PATRICK SÉBASTIEN

« Alors, chérie, combien tu prends ?... Il faut être fou pour dépenser plus... » Imagine, Chirac appelle Clinton : « Allô, comment tu vas ?... Fond dans la bouche, pas dans la main... Allô ? Ah, qu'est-ce qu'on est bien... Midas change le pot en deux minutes. »

*

YANNE

Le PACS, ça marche moins bien à la campagne, quand même. Quand même, y a moins de couples de paysans que dans les villes, non ?

KERSAUSON

Ben oui.

YANNE

Oh ben, te vl'à, l'Antoine. T'es bien beau, aujourd'hui !

KERSAUSON

C'est qu'l'Antoine, il a aguiché le Marcel.

YANNE

Il a quitté le Marcel pour l'Auguste, là... Ils sont partis sur la Côte d'Azur, bon Dieu de bon Dieu !

*

BOUVARD

France Télécom a inventé la secrétaire virtuelle.

YANNE

Hum, hum. Elle peut remplacer ton assistante, elle peut dire des tas de trucs. Au lieu de dire : « Bonjour, vous êtes aux établissements Bouvard, voulez-vous laisser un message ? », elle dit : « Je suis là, dans le bureau, mes longues jambes gainées de nylon fluide, ma main passe sur mes seins, et mes longs cheveux s'enroulent autour de tes doigts, gros dégueulasse... » Et le correspondant, il est content, lui. C'est plus agréable que d'avoir un répondeur avec une voix de rogomme qui raconte n'importe quoi !

*

BOUVARD

Vous avez vu le réfrigérateur qui sait tout faire, qui est intelligent ? Si le frigo s'aperçoit qu'il manque des produits essentiels, parce qu'il connaît vos habitudes...

YANNE

Sûr... « Du yaouuuurt », il gueule ! « Du yaouuuurt ! Y en a plus que deux ! »

BOUVARD

Il fait plus que de hurler : il vous téléphone. Il sait que vous êtes à votre bureau.

YANNE

Il peut pas aller faire les courses, ce fumier-là ?!

KERSAUSON

Il a pas des roulettes en dessous ?

YANNE

Ben quoi, je rigole ! C'est un frigo perfectionné, sophistiqué et tout, il voit qu'il y a pas de yaourts, il peut pas aller chez l'Arabe au coin ? *(Avec l'accent arabe.)* : « Qu'est-ce qu'y veut, frigo ? » « J'en voudrais bien yaourts. »

*

BOUVARD

Ce que les étrangers reprochent aux cadres français, c'est qu'ils passent deux heures à déjeuner...

YANNE

C'est une affaire. C'est là que les choses se créent. Bravo ! Bravo les cadres français !

KERSAUSON

Bravo !

BOUVARD

... ils arrivent pas très tôt le matin.

YANNE

Ce qu'on oublie, c'est là que les marchés s'organisent et que si la France peut briller à l'étranger, c'est grâce aux déjeuners des cadres, qu'est-ce que vous croyez ? C'est pas dans une cantine pouilleuse que les affaires vont se faire. Tu crois que le type de la BNP il va racheter la Société générale dans un snack, ou au McDonald ?

BOUVARD

Le Français arrive tard le matin...

YANNE

Le cadre français, il a des responsabilités. Il a mal dormi. Il a pensé à son travail. Pourquoi voulez-vous qu'il arrive à huit heures comme les péquenauds ? Il arrive vers dix heures trente et il se prépare pour le déjeuner. Voilà. Après, quand il a bien bouffé, il rentre au bureau, il dort un peu, et puis après, bon ben, pour avoir des contacts, il convoque ses collaborateurs et ils font un petit pot. Donc, ça se termine un peu tard ces trucs-là, c'est normal.

KERSAUSON

Il prépare les discours...

YANNE

Qu'est-ce qu'il fait d'autre, le cadre français ?

KERSAUSON

Il part avant tout le monde ?

BOUVARD

Qu'est-ce qu'il fait d'autre ? Ah, il respecte la hiérarchie.

YANNE

Ah oui ! Il dit : « Bonjour, monsieur le directeur. »

BOUVARD

Oui.

YANNE

Quand le directeur arrive, il lui dit pas : « Alors, ducon, t'as passé une bonne nuit ? »

BOUVARD

Il a beaucoup de bonne humeur...

YANNE

Il est rigolo comme tout, le cadre français. Le cadre français, il arrive, il dit : « C'est un mec qui est dans les cabinets, et il... » Le cadre français, il a des boules puantes dans son tiroir et tout.

KERSAUSON

Il a la cravate qui mouille. « Bonjour, monsieur le directeur », hop, une petite giclée... Ça amuse.

YANNE

Il est très rigolo, le cadre français. On peut être fiers de nos cadres.

*

DARRY COWL

La pub, ça sert. Ils ont vanté Ronron, aussi, une marque pour chats, pour chiens, tout ça. C'était tellement bon et appétissant qu'un jour un gars en a pris, et il s'est mis à en prendre tous les jours, et midi et soir, il arrêtait pas d'en prendre. Tout le monde lui a dit : « Fais gaffe, c'est pas bon, c'est pour les chiens et les chats, mais pour toi, c'est très mauvais, chimiquement, ça va te... » Penses-tu ! Le type a rigolé, il en a pris pendant des mois et des mois, avec des grosses doses. Et les gens disaient : « Tu verras, un jour, tu vas avoir, un jour, tu auras... » Eh ben, il rigolait, n'empêche... il s'est fait écraser par un camion.

*

YANNE

Mais il est temps de revoir toutes ces formules de sport à la noix, qui n'ont plus cours, et à l'aube du troisième millénaire, comme dit mon camarade Olivier, il faut revoir tout un tas de choses. Par exemple, faisons de la formule 1 avec des taureaux.

BOUVARD

Avec des taureaux ?

YANNE

Ben oui. J'ai un taureau, et un mec en formule 1, et rrrr, rrrr, ça serait plus marrant...

BOUVARD

Ça fait deux sports en un, en plus.

YANNE

Bien sûr. Vous faites par exemple du tennis, deux mecs avec un javelot: rrrr... Ou alors le lancer du marteau, à Roland-Garros... Vous prenez deux champions de tennis, chacun avec un marteau, rrrr... Et il le rentre dans la gueule de l'autre... Là, on rigole !

*

BOUVARD

Alors, encore une bonne nouvelle qui nous vient des States: la mise au point d'un vaccin contre l'allergie aux cacahuètes.

YANNE

C'est Jimmy Carter qui a dû lancer ce truc-là.

BOUVARD

Et aujourd'hui, avec un vaccin qui pour l'instant n'a été essayé que sur des souris...

YANNE

Ah bon ! Je croyais que c'était les mecs qui vaccinaient les cacahuètes. Ils devaient se faire chier.

BOUVARD

... on pourra se faire vacciner et reprendre des cacahuètes sans danger.

YANNE

J'me vois arriver chez le médecin : « Bonjour ! » « Qu'est-ce qu'il y a qui va pas ? » « Je viens me faire vacciner contre la cacahuète. » C'est vrai... « Je peux pas manger de cacahuètes, est-ce que vous pouvez me faire un petit vaccin... ? » Ce sera gratuit pour les vieux. Comme pour la grippe. Les vieux, ils sont contents de manger des cacahuètes : ça leur rappelle leurs dents.

*

BOUVARD

Qu'est-ce que vous avez fait pour célébrer la fête de la Femme, l'autre jour ?

KERSAUSON

Rien ! Je trouve ça honteux qu'il y ait un jour de la Femme.

BOUVARD

Pourquoi ?

KERSAUSON

Parce que tous les jours sont les jours des femmes.

MACHA MÉRIL

Mais comme il a changé !

KERSAUSON

Je flatte ! Tous les jours...

BOUVARD

C'est vrai qu'un jour sur trois cent soixante-cinq, hein...

KERSAUSON

C'est très peu, alors qu'elles sont tellement émouvantes de délicatesse, de...

BOUVARD

On fait un jour de la Femme comme il y a un jour des Morts...

KERSAUSON

Exactement. Comme y a des soldes, la foire au jambon et tout. Non ! C'est pas décent. Les femmes, chaque jour, dans notre quotidien, sont tellement représentatives et tellement, comment dirais-je ?, mères au sens général du mot et génitales du terme de nos bonheurs et de nos émotions, alors faire une journée de la Femme, alors que c'est ce qui nous préoccupe le plus, ce que nous chérissons le plus, ce que nous aimons le plus, et ce qui nous emmerde le plus aussi, je trouve dommage de ne faire qu'une journée...

MÉRIL

Y a pas une journée de l'Homme, au fait ?

KERSAUSON

Y en a trois cent soixante-quatre jours, de l'Homme.

MÉRIL

Je trouve que monsieur de Kersauson change énormément.

BOUVARD

Appelez-le Olivier ou amiral, ne dites pas monsieur de Kersauson.

MÉRIL

Vous croyez ?

BOUVARD

Ou alors, dites : vicomte. Il aime bien qu'on lui donne son titre, hein.

KERSAUSON

Profitez-en, c'est pas sûr que ça dure, hein. Au troisième Coca, je dis ce que je pense.

*

BOUVARD

Vous ne respectez rien, hein ?

YANNE

Ça dépend, ça dépend. J'aime bien ma mère, ma famille... La patrie, pas tellement. Ça, j'avoue...

KERSAUSON

Et le travail ?

YANNE

Non, c'est les grandes institutions, comme ça, les grands mouvements, les grands élans du cœur, je trouve ça un peu gonflant.

BOUVARD

D'ailleurs, la patrie, la religion...

YANNE

Ah non, moi, j'aime bien la religion.

BOUVARD

Vous aimez bien la religion ?

YANNE

Ah oui. Surtout, quand j'habite les pays chauds parce que dans les églises il fait frais... J'aime bien.

KERSAUSON

Il est très pratiquant.

YANNE

J'aime bien l'orgue, tout ça. Par conséquent... Non, l'Église, ça me gêne pas. Ce qui m'gêne, c'est qu'on ait supprimé les claques. Ça, en revanche...

*

BOUVARD

Si vos digressions révolutionnaires sont terminées...

YANNE

Moi, j'ai la fibre nationale, moi. Moi, pendant les vacances, je suis resté là pour aller à l'Arc de triomphe. Je suis pas parti pendant dix semaines sur la Côte d'Azur dans une villa somptueuse avec une piscine romaine.

KERSAUSON

Oh, fais attention !!!

YANNE

Ouais, avec des jeunes femmes. Moi, j'étais au défilé et tout. Moi, dès qu'il y a un défilé, je suis là. Je suis là à cinq heures du matin, avec mon litron, mon matelas et tout, mon truc pour regarder, avec mon périscope, et je suis là...

KERSAUSON

Il me fait hurler de rire !

BOUVARD

Et alors, vous voyez défiler les petits soldats : vous aimez bien.

YANNE

(La voix gourmande.) Ouais. J'aime ça. J'aime ça ! Le 14 juillet, j'aime ça. C'est bon, c'est bien ! Avant, j'allais voir les goumiers : c'est des mecs qui marchaient très vite derrière une chèvre. Harr harr harr... Ils savaient pas, les mecs. Y a le sixième contractuelles aéroporté qui est bien, aussi.

*

Yanne

Si toutes les espèces humaines doivent être représentées au Conseil économique et social, c'est normal qu'on y mette Georgette Lemaire.

Kersauson

Ah, non, non ! Faut pas exagérer quand même ! Mais qu'est-ce qu'il dit, là ?

Yanne

D'une façon générale, je sais pas bien ce que c'est, moi, le Conseil économique et social, mais je crois que j'ai lu un jour que dès qu'il y a un conflit, par exemple un truc interplanétaire, on les met tout de suite dans des abris, pour les garder, pour qu'ils soient témoins de ce qu'était la planète, si jamais tout est détruit.

Bouvard

Ah, vous avez vu ça, vous ?

Yanne

Ah ouais, ouais. Imaginez qu'ils se gourent dans les boutons, qu'il y ait une guerre atomique formidable, tout le monde est décimé, y a plus que des mutants, eh ben, pour voir comment était la race humaine, hop, on ouvre la trappe et on fait sortir Georgette Lemaire. Vous comprenez ?

*

Kersauson

Les belles femmes en bleu...

YANNE

... qui sont très séduisantes.

KERSAUSON

... qui viennent masturber les essuie-glaces de la bagnole...

YANNE

C'est vrai que plus ça va, plus elles sont belles, les contractuelles. Elles sont d'une beauté !

KERSAUSON

Elles sont superbes ! Ah, j'en ai vu l'autre jour, j'aurais voulu être une bagnole. Elle la tripotait et tout...

YANNE

Ouais. Et puis les costards sont bien dessinés. Je sais pas qui leur a fait. En plus, ça leur va bien : la iupe est à bonne hauteur, tout. C'est vraiment bien.

KERSAUSON

Les pattes vont jusque par terre. Ah oui, ils en font des modernes, hein.

YANNE

Ils les prennent un peu maigres, parce que avec les nibards, sur les essuie-glaces, c'est pas bien quand elles se penchent.

BOUVARD

Vous êtes pour la chasse à courre, monsieur Coffe ?

JEAN-PIERRE COFFE

Non. Pas spécialement. Pas pour la chasse non plus.

YANNE

Moi, j'aime bien le son du bois, le soir, au fond du cor.

BOUVARD

Y a de la musique, c'est vrai, c'est pas mal.

YANNE

Enfin, de la musique, hein, vous repasserez, hein ! Parce que, vraiment... Tututu... *(Il imite le son du cor.)* J'en ai entendu près de deux cents, des trucs de sonnerie, de vénerie, je sais pas quoi : c'est toujours la même. Et alors... À l'affût derrière la bête : tututu.... Le renard : tututu... Le chien fatigue : tututu... Le cheval en rut : tututu... Ah non, non !

*

YANNE

J'ai vu deux mecs qui s'étaient rentrés dedans, de plein fouet, en bagnole, et y a un des types qui sort, qui dit : « Je vous ai pas fait mal ? Je suis tout à fait désolé... » « Non, ça va », dit l'autre. « Je vais vous remonter un peu : tenez, buvez un peu de cognac. » Alors, il lui file un peu de cognac à boire. « Encore un petit peu », dit l'autre. « Ça va mieux, maintenant ? » « Oui. Mais vous, vous buvez pas ? » « Non, non, après la prise de sang. »

*

JEAN-JACQUES PÉRONI

Moi, je connaissais un facteur, en Bretagne, le gars, il s'en mettait dans le cornet sans arrêt, et un jour on passe le long de la côte, et on voit le vélo du facteur qui est dans le fossé. En plein mois de février. On se dit : « Merde, le pauvre Jean, il est... » On regarde : y avait personne. On monte sur la dune, on regarde : on voit le facteur – c'est véridique ! –, le pantalon relevé, dans l'eau jusqu'à mi-mollets, et en train de tremper des lettres dans l'eau de mer. On va le voir. Il était bourré. Et il nous explique qu'il était allé remettre un mandat à une petite bonne femme dans le hameau d'à côté, et puis elle lui avait servi du blanc, il en avait repris trois fois, et il avait été malade. Alors, pour pas salir chez la dame, il avait vomi dans sa sacoche.

*

BOUVARD

La Sécurité sociale britannique va prendre en charge les opérations de transsexualité.

YANNE

Quoi ? Vous voulez dire qu'on va leur couper les couilles avec notre argent ?

BOUVARD

Non, c'est en Angleterre.

YANNE

Ah, c'est en Angleterre ? C'est normal, en Angleterre. Donc, à partir du moment où on se fera couper les... choses, en Angleterre, on sera remboursés ?

BOUVARD

On sera remboursés. Voilà.

YANNE

Mais je croyais que tout le monde pouvait se faire soigner en Angleterre, même si on n'est pas anglais.

BOUVARD

Mais là c'est plus que des soins.

YANNE

Le type arrive, il va voir le médecin, il dit : « Il faudrait me soigner, j'ai un truc entre les jambes, là... » « Ah ben oui, on va vous le retirer, monsieur. Voilà, madame, c'est fait. »

*

BOUVARD

Ah ! Une école de prostituées s'ouvre à Anvers

YANNE

Ah, c'est pas dommage ! Depuis qu'elles sont plus dans les maisons, elles savent plus rien foutre, les filles.

BOUVARD

On va leur enseigner la législation...

YANNE

Ben, c'est pas avec ça qu'on va s'envoyer en l'air, hein ! Moi si je vais aux putes, c'est pas pour connaître la loi sur le bout des doigts, hein !

KERSAUSON

Ce serait mieux d'apprendre le code pinal, ouais.

*

ROGER CAREL

Moi, j'ai un système, sur l'autoroute, pour pas être embêté par les gens qui vous collent. J'ai fait faire une plaque, chez les gars qui font les plaques de voiture, une plaque rouge, et dessus j'ai fait mettre : « Danger, artificier ». Et j'ai rajouté deux petites lumières rouges, que je branche sur mon allume-cigare, et quand un gars me colle, j'allume ma plaque derrière, et je le vois disparaître...

*

ÉRIC LAUGÉRIAS

J'ai reçu récemment un e-mail qui s'appelle leçon de français, et y a des choses pas mal. Par exemple, c'est sur le thème de : On ne dit pas. On ne dit pas : l'électronique, mais : l'électricien fait l'amour. On ne dit pas : la maîtresse d'école, mais : l'institutrice prend l'avion. On ne dit pas : une Calabraise, mais : une qui a le feu au cul. On ne dit pas : un ingrat, mais : un petit gros. Et on ne dit pas : l'idole des jeunes, mais : Johnny casse la croûte, que je trouve très joli.

*

KERSAUSON

Y a plus de mer. C'est uniquement une étendue en plastique. La mer, on la gardait que sur les côtes, pour que les gens croient que ça existe encore, mais dès qu'on s'éloigne d'une trentaine de kilomètres, c'est uniquement recouvert de plastique.

FRANCIS PERRIN

C'est un peu comme les gazons, les pelouses en plastique...

KERSAUSON

Ben ouais, c'est du plastique, au large des côtes françaises, mais dès qu'on arrive sur les côtes américaines, ils mettent du béton à la place. Alors on change les pneus du bateau, le plastique, c'est...

PERRIN

T'aurais un bateau de sept mille kilomètres de long, par exemple, eh ben, avec un mob tu gagnerais tout le monde. Héééé...

BOUVARD

C'est intéressant d'entendre parler de la navigation. Ça ouvre des horizons.

YANNE

Ça les ferme aussi

BOUVARD

Et vos voiles sont remplacées par quoi ?

KERSAUSON

Actuellement ?

BOUVARD

Oui.

KERSAUSON

Ben, ça fait partie de la déco... Les décorateurs les retirent dès qu'on est partis de la côte. Parce qu'on est tous au nucléaire, depuis trois ans. Sauf dans les zones de déchet atomique, où, à ce moment-là, le déchet atomique l'attirait. Y a des zones de détour, des zones de parking. L'autre jour j'étais sur un parking, y avait une trentaine de navigateurs, on était bloqués, parce qu'un écoulement de plastique produit des vagues artificielles... C'est une vague qui a été construite par les Soviétiques en 1976, et toute la partie inférieure s'écroulait, tout le côté électronique de la vague s'écroulait : le béton restait mais y avait plus d'électronique, donc toute la vague s'écroulait et elle était coincée dans le mauvais sens. Donc on pouvait plus la prendre. Parce que sinon vous avez des vagues en béton, qui bougent, c'est très programmé, c'est bien : vous avez un programmateur de vagues à l'avant du bateau, vous arrivez, le béton se lève, hop, ça secoue, et on descend.

PERRIN

T'as pas le mal du béton ?

KERSAUSON

On a le mal du béton, parfois, ouais. Et l'autre jour, le trafic était interrompu parce qu'il y avait une vraie mouette qui s'était égarée sur l'océan.

Chapitre 3

Les Grosses Têtes aiment davantage les politiciens que le veau

PHILIPPE BOUVARD

Monsieur Fiévraise de Lille pose une question intéressante. Il vous rappelle que monsieur Christian Bonnet est ministre de l'Intérieur. Vous le savez sans doute.

JEAN YANNE

Je vous donne ma parole que non. Christian Bonnet ! Hahahaha !... Bonnet ! V'là Bonnet... Ministre de l'Intérieur ? Non, des noms comme Poniatowski, d'accord ! Mais Bonnet... Ça n'existe pas ça. J'y crois pas. Et le ministre de l'Intérieur, il a pas le droit de changer de nom ?

OLIVIER DE KERSAUSON

Il pourrait s'appeler je ne sais pas, Giscardowski... Mais Christian Bonnet, franchement...

YANNE

(S'énervant, progressivement.)

Non, franchement, mon camarade a raison. Pas quand on est ministre de l'Intérieur, merde, alors quoi ?! Faut pas exagérer non plus ! On n'est pas en France pour... Alors on est là, on fait son service militaire de 1940 ou je sais pas quoi..., guerre d'Algérie, des trucs comme ça, et on va au collège Chaptal et on se fait chier pendant des jours et des jours pour avoir un ministre de l'Intérieur qui s'appelle Christian Bonnet !!! J'veux pas m'énerver, mais alors il y a des limites ! C'est n'importe quoi ! Après, on s'étonne que les mômes soient en moto à faire n'importe quoi !! Est-ce que le radium a été découvert par Pierre et Marie Bonnet ? ! Hein ? Est-ce que la tuberculose a été vaincue par un type qui a découvert le bacille de Bonnet ? ! Est-ce qu'il existe une seule sainte française qui s'appelle Bernadette Bonnet ? ! *(Rires et applaudissements soutenus de l'assistance.)* Y a des moments, il faut que ça sorte, vous comprenez.

*

JEAN-PIERRE RAFFARIN

(Un mois avant de devenir Premier ministre.)

Je vous ai parlé de Matignon, tout à l'heure. Matignon, vous croyez que c'est un job ? Vous avez vu la pression qu'il y a sur Matignon ? Avoir envie de Matignon, c'est un peu une pathologie, hein. Moi, j'ai pas du tout envie de ce type de job. Si ça arrive, on verra bien ce qui se passe. Mais un job où tout vous remonte, tous les problèmes... Les infirmières sont pas contentes ? C'est la faute à Matignon. Les gendarmes sont pas contents ? C'est la faute à Matignon. Tout remonte là-bas. Alors vraiment, le type qui a envie d'occuper ce poste, il est quelque part pas très bien.

*

MICHEL GALABRU

J'ai été invité à l'anniversaire de monsieur Chirac, quand il était maire de Paris. Une surprise, on ne lui avait rien dit. Que peut faire le maire de Paris, le soir ? Il a dit à sa fille : « Tu m'emmerdes, je suis en train de regarder mon feuilleton... » Car il regardait un feuilleton, il a le droit, et un feuilleton d'une bêtise rare !... Lefebvre a essayé de raconter une histoire qui fait rire tout le monde et là il a pris un bide. C'est terrible, parce que c'est une histoire très drôle, mais il a pas su la raconter. Et, encore une fois, étonnement de ma part, car, comme divertissement, on lui a projeté les Guignols, où on se foutait de sa gueule ! Hahaha !...

*

THIERRY ROLAND

Ça se passe en 1990. Donc, c'était juste avant la finale de la Coupe du monde en Italie. Et Chirac était venu à Rome, il était maire de Paris à l'époque, pour appuyer la candidature de Paris à la Coupe du monde de 1998, puisque Paris allait être candidat. Il avait organisé un repas, où il y avait les journalistes qui le suivaient habituellement, et il avait invité quelques journalistes sportifs, dont ma modeste personne. Je ne le connaissais pas du tout, c'était la première fois de ma vie que je le voyais, et je découvre un type tout à fait extraordinaire, plein d'humour, vachement marrant, exactement le contraire de l'image qu'il donnait à la télé. Et à un moment donné, au beau milieu du repas, il me dit : « Dites-moi, monsieur Roland, pour un homme de communication, on ne vous entend pas beaucoup. » Je lui dis : « Ben non, monsieur le maire, je suis abasourdi par le personnage que je découvre. Alors de deux choses l'une : ou bien vous avez mal appréhendé votre fonction d'homme politique, ou alors c'est que vos conseillers sont nuls. » Et il me dit : « Ça tombe bien, j'en ai un de chaque côté de moi. » Et à la fin, il me dit : « Alors, vous allez commenter la finale. » Je lui dis : « Oui, la finale, après-demain. » Et il me dit : « Et il va y avoir beaucoup de monde ? » Je lui dis : « Eh bien, vous savez, une finale de Coupe du monde, ça fait en général entre 13 et 17 millions de téléspectateurs. » « Ah, il me fait, ça fait tant que ça ? Ça fait beaucoup ! » Et il me dit : « Vous ne pouvez pas parler de la Corrèze ? » « Ah, je lui dis, écoutez, dans une finale entre l'Allemagne et l'Argentine c'est pas évident, mais j'ai déjà fait pire. » Et on tombe, avec Jean-Michel, sur une finale, vraiment, de merde. La pire qu'il m'ait été donné de voir. Et d'un seul coup, je me souviens de ce que je lui avais dit, et je dis à Jean-Michel : « Jean-Michel, c'est pas terrible comme match mais alors les Allemands, quelle condition physique ! » Il me dit : « Alors oui, là, pour le septième match en un mois, ils courent comme des lapins. » Et moi je dis : « Oui, on dirait qu'ils reviennent d'un stage en Corrèze. » Et, en direct : « Ils ont été chez Mimoun, à Bugeard en Corrèze. » Je le répète deux, trois fois, pour que... Et donc ça passe. Évidemment, le maire était dans les tribunes. Et il sort, il appelle son cabinet à Paris et, évidemment, comme dans ces cas-là ils exagèrent toujours tout, les types de Paris disent : « C'est extraordinaire, y a Thierry Roland, il a pas arrêté de parler de la Corrèze. »

*

MICHÈLE ALLIOT-MARIE

J'ai demandé à Jacques Chirac comment il faut faire pour faire une campagne électorale. Et il m'a dit: « Ma chère Michèle, il y a trois choses qu'il faut absolument que vous fassiez chaque fois que vous le pouvez. Manger chaque fois que vous le pouvez parce que vous ne savez jamais quand sera la prochaine fois. La deuxième chose, c'est de dormir chaque fois que vous le pouvez. Et la troisième, c'est de faire pipi chaque fois que vous le pouvez, parce que vous ne savez pas non plus quand ce sera la prochaine fois. »

*

DOMINIQUE BUSSEREAU

La première fois que j'ai rencontré Jacques Chirac, j'étais avec Jean-Pierre Raffarin, on s'occupait à l'époque des jeunes giscardiens, et on était devant l'entrée d'un grand hôtel parisien, on avait un congrès. On était très apeurés, on voit arriver le Premier ministre, c'était pour mes vingt ans, c'était quelque chose qui nous faisait un peu peur, et il arrive. On commence à lui dire des grandes choses, sur notre congrès, sur nos idées, etc. Et il me dit: « Venez aux toilettes. » Il nous emmène aux toilettes à l'entrée de cet hôtel, et il nous dit: « On ne commence jamais une réunion avant d'aller pisser, et ensuite on parle des choses sérieuses. »

*

BOUVARD

Et Chirac à Tahiti ?

BERNARD MABILLE

Chirac, il aime la brasse, il embrasse les vahinés, il vante la beauté du lagon, du sable fin, et après il va sur le marché. C'est marrant, il a décrit ça comme un paradis, mais on leur a quand même foutu des essais atomiques pendant des années et des années. Et il était là, souriant, irradié. Vous avez pas vu ça, à la télé ? Il dit : « Oh, elles sont belles, vos tomates. » Et le mec lui dit : « C'est pas des tomates, c'est des groseilles. » Après, il change de marchand, et il dit : « Elles sont belles, vos courgettes. » Et le mec lui dit : « C'est pas des courgettes, c'est des haricots verts. » Et après il dit : « Il chante bien votre oiseau ? » Et l'autre lui dit : « C'est pas un oiseau, c'est un compteur Geiger. »

*

JACQUES MAILHOT

J'ai suivi une des campagnes électorales de Giscard à Chamalières. Il entrait dans une boucherie, il disait : « Bonjour, monsieur le boucher. Alors, vous vendez de la viande ?

*

LAURENT FABIUS

Le vote le plus étonnant auquel j'ai assisté, c'est aux Comores. Quand j'étais très, très jeune, j'étais au Conseil d'État, et on m'avait envoyé surveiller les élections là-bas. Y avait deux bulletins : un rouge, un vert. C'était pour un référendum. Il y avait une des couleurs qui était la couleur maudite, et l'autre qui était la couleur sacrée. Déjà, ça préjugeait un peu du résultat. J'arrive, et le chef du village me fait entrer dans l'école, une classe unique. Et au fond de la salle, il y avait une armoire, ouverte. Et ils avaient mis un rideau devant. Et le chef du village, en dialecte local, dit à la première personne, qui était une dame : « Va voter. » Et la dame lui fait non de la tête. « Va, va, va ! » Et elle fait non plusieurs fois. Finalement, elle y va et elle fait pipi. Parce que, en fait, ils avaient voulu, pour me rendre honneur, faire un isoloir, et comme il n'y avait pas de précédent, elle a cru que c'étaient des toilettes.

*

BOUVARD

Vous avez vu monsieur Laurent Fabius à la télé ?

MAILHOT

Oh, il était beau, hier.

MABILLE

Y a le nom de son tailleur. Putain, il avait le costume à rayures, la chemises à rayures, et la tapisserie derrière à rayures : on aurait dit un code-barres. C'est incroyable ! Après, il est allé voir une pute pour demander combien ça ferait en euros. Et elle lui a dit : « Si vous levez ma robe aussi haut que sont vos impôts, si vous baissez ma culotte aussi bas que sont vos salaires, si vous sortez votre zigounette et qu'elle soit aussi dure que la vie actuelle, si vous la tenez aussi raide que le temps où vous êtes resté au gouvernement, et si vous me la mettez aussi profondément et gentiment que vous baisez soixante millions de Français, pour vous ce sera gratuit. »

*

Enrico Macias

C'était lors d'un dîner. Il y avait quelqu'un qui était un ambassadeur connu, et il était assis à côté de son aide de camp. Et de Gaulle n'arrivait pas à savoir qui était cet ambassadeur. Alors il envoie un mot à son aide de camp. Il lui met : « Pouvez-vous me dire qui est à côté de vous ? » Il lui renvoie un mot, il lui dit : « Oui. » Le Général s'énerve un peu, il lui renvoie un mot, et il lui met : « Oui, qui ? » Et l'autre lui répond par écrit : « Oui, mon général. »

*

Jean-Claude Brialy

Le général de Gaulle fait organiser un grand gala pour les Compagnons de la Libération, à Chaillot. Y avait Fernandel, y avait Jean Gabin, plein d'acteurs de cinéma et de chanteurs. Et tout d'un coup, il arrive devant Jacques Tati, dont le film *Mon oncle* venait de sortir, et il ne sait pas qui c'est. Son aide de camp se penche vers lui et lui dit tout bas : *« Mon oncle. »* Et le général de Gaulle : « Ah, je suis content d'avoir dans mon cabinet votre neveu. »

*

Claude Bartolone

Je me souviendrai tout le temps de mon premier déplacement dans un département du sud de la France, où à l'époque je ne connaissais peut-être pas bien le métier. Le préfet était venu m'accueillir en grande tenue blanche. Et nous sommes descendus dans un des quartiers difficiles, à bord d'une dizaine de Safrane. Vous imaginez comment nous avons été accueillis ? Avec un peu de surprise. Mais bon. Comme les gamins et leurs parents ont vu que je connaissais la banlieue, que je connaissais leurs difficultés, ils m'ont accompagné toute la journée. Et à la fin de la visite, y en a un, de ces jeunes, qui est venu me voir. Nous venions de remonter dans la voiture, avec le préfet, et il m'a dit : « Oh, ministre, dis à ton déguisé, à côté de toi, qu'il peut te ramener quand il veut parce que maintenant on comprend pourquoi le quartier il était propre. »

*

BOUVARD

Ça va pas en Corse, hein ?

YANNE

Oh, ça va pas... Il faut pas exagérer non plus, hein. Moi, y a un truc que je trouve tout à fait attendrissant, c'est que le mouvement de terroristes s'appelle...

BOUVARD

Clandestini...

YANNE

Non, non, clandestinou... Oh, les bombes au clandestinou, qu'ils sont gentils ! Mais il est là, le clandestinou ! Il est là, avec sa petite bom-bombe. Il a mis sa cagoulou... Il va faire péter les gendarmou...

BOUVARD

C'est vrai que, vu comme ça, c'est moins inquiétant.

YANNE

Et c'est vrai que si on continue à les encourager, ils vont s'appeler clandestinouillets.

BOUVARD

Ah oui, c'est plus mignon encore.

YANNE

Clandestinounets... On les appellera nounous, après.

BOUVARD

Mais ce sont de grands taquins, hein.

YANNE

Farceurs ! Et puis ils se déguisent. Super !

*

MICHEL CHARASSE

Il y a à peu près une vingtaine d'années, y a une vieille dame de 94 ou 95 ans, je crois que c'était en montagne, qui cherchait des champignons sur le bord de la route. Arrive un plâtrier-peintre avec une 4L : il s'est arrêté devant la mémé, il a chopé la mémé et il l'a fourrée dans la caisse, et badaboum vas-y Marcel. Très bien. Il repose la mémé par terre et il se tire. La mémé, un peu secouée, est allée voir les gendarmes, pour porter plainte. Les gendarmes lui disent : « Mais qu'est-ce qui s'est passé ? » « Ben, il s'est passé que j'étais penchée, en train de ramasser des champignons, et puis il est arrivé. J'ai bien vu la voiture qui s'arrêtait, une petite voiture je sais pas comment ça s'appelle, et puis un garçon, il est descendu, il a ouvert la voiture derrière, j'ai pas eu le temps d'y voir, il m'a mise dans l'arrière de la voiture... » Alors, les gendarmes : « Mais est-ce qu'il vous a... ? » Elle dit : « Non, mais... » Et finalement les gendarmes disent : « Mais il vous a violée ? » « Oui, mais ça c'est pas grave. Le problème, c'est que je retrouve pas mon porte-monnaie. »

*

BOUVARD

Mitterrand, paraît-il, quand il voulait faire une vacherie sur quelqu'un, il disait : « Vous connaissez la dernière de Santini ? »

ANDRÉ SANTINI

Ouais. C'est lui-même qui me l'a dit, d'ailleurs. Une des pires qu'il ait racontées, dite par lui, c'était sur Rocard. « Il a divorcé pour épouser Michèle E. » « Oui, j'ai vu. » « Et il a divorcé de Michèle E. pour épouser une psychanalyste. » « Oui, je sais. » « Et il va divorcer encore maintenant. » « Mais pour épouser qui, monsieur le président ? » « Une orthophoniste. »

*

YANNE

Avant, les mecs de gauche, de droite, ils se retrouvaient au Chabanais. C'est plus facile autour d'une bouteille de champagne, comme ça, d'échanger des trucs. Alors que maintenant, on les remarque. Où voulez-vous qu'ils se voient ? Ils sont espionnés partout, les types. Ah, on a vu

Machin qui faisait... On peut plus voir bouffer ensemble un mec de gauche et un mec de droite. Si Le Pen va manger avec Marchais, tout le monde fait des réflexions. Quand t'es dans un claque, tout le monde va fermer sa gueule, parce que s'il dit qu'il m'a vu, c'est qu'il y était...

Chapitre 4

Les Grosses Têtes sillonnent les mers, explorent les terres et battent la campagne

Olivier de Kersauson

Là, à Brest, tu prends un joli navire dans ce décor merveilleux que seule la Bretagne peut installer au plus profond d'elle-même, où les korrigans chantent sur la lande et que la lune se regarde dans la nuit lorsque les nuages échevelés, poussés par les tempêtes d'ouest, viennent marbrer le décor que nous habitons. Là, après avoir pris un navire et évité les courants qui risqueraient de t'emmener sur l'île de Sein ou sur la pointe du Raz qui est fort dangereuse, tu fais route vers le sud. Il se passe bien du temps, tu te retrouves au large du Portugal, la température commence à être meilleure et tu aperçois les îles des Açores, et de ton pont ensoleillé tu peux faire un signe aux indigènes fort accueillants, mais tu n'auras pas le temps de t'arrêter, et tu verras seulement sur la silhouette des falaises vertes de ces îles lointaines gavées d'hortensias quelqu'un qui agitera la main amicalement. Mais tu ne reverras pas leurs gueules d'êtres humains avant longtemps. Il faudra te diriger vers l'équateur. Chaque jour la chaleur sera plus forte. Les oiseaux cesseront de voler dans cette zone où brutalement la mer ressemble à de l'huile et rien ne te pousse et de temps à autre tu vois juste un nuage qui t'apporte un peu de grain et un peu de fraîcheur qui te permettent de te diriger vers ce que l'on appelle les Horse Latitudes, parce que, autrefois, les chevaux y mouraient, tant de soif que de désespoir, parce que la chaleur y est grande, le vent y est nul, les navires n'y avancent pas et les équipages se désespèrent, et chacun prie son dieu pour essayer de passer de l'autre côté et pour retrouver les alizés qui l'emmèneront, enfin, vers des terres promises et délicieuses. Lorsque tu auras passé l'équateur et que tu auras vu le soleil à la verticale dans sa chaleur énorme, lentement les vents te reprendront et te mèneront direction du sud-ouest auprès de ta voilure, objet de tes rêves contre un océan qui ne veut pas de toi mais qui, cependant, te permet de naviguer, parce que l'océan a parfois, pour les êtres les plus divers et les plus tendres, ce que tu es, des clémences que ni la montagne ni la terre ne savent avoir. Et là, tout à coup, tu approcheras du cap des Tempêtes. Le cap des Tempêtes est situé à la grande pointe du sud de l'Afrique, dans cet immense continent, quasiment vierge et totalement inconnu de l'ensemble des Européens jusqu'à la fin du siècle dernier, tu verras tout à coup comment le climat peut changer, et les courants peuvent devenir froids et la température chaude. Bref cet ensemble, ce mélange thermique qui fait de cet endroit un endroit presque dangereux, car chacun sait que lorsque dans la dépression ou dans l'anticyclone, lorsque le vent se mêle tant de prendre la chaleur que de prendre du froid, il accélère de 40 à 50 % ce que l'on ne peut prévoir, faisant ainsi tant de mal aux navires et aux êtres qui y pénètrent que chacun s'en revient horrifié et en appelant cet endroit le cap des Tempêtes.

PHILIPPE BOUVARD

Bravo ! Bravo ! Quand on passe le cap Horn, y a une cérémonie, y a quelque chose ?

KERSAUSON

Mais non, moi je parle pas bateaux avec des gens comme vous. Le problème est réglé.

BOUVARD

Il paraît que ça souffle, hein !

MACHA MÉRIL

Mais ça se passe jamais quand on est tout seul ? On passe jamais le cap Horn tout seul sur son bateau ?

KERSAUSON

Ben si.

MÉRIL

Vous n'êtes pas obligé de me le dire méchamment.

KERSAUSON

Mais je vais parler de ça, avec ce que t'as dans la tête à peine rentré, ce sera sorti, alors ça vaut pas la peine.

MÉRIL

Mais ça va rester un petit peu, quand même. Justement, on va pouvoir suivre, les auditeurs vont pouvoir dire : Il est là, il est là. On va prendre une carte, aux Grosses Têtes, et on va vous mettre en pointillés... *(Applaudissements.)* C'est une bonne idée, pour savoir où il est tout le temps...

BOUVARD

Bonne idée. Mais pour se procurer une carte du Massif central, ça va pas être facile.

KERSAUSON

Mais on les verrait, là, le bigorneau effaré, l'autre semi-débris... Quant à la guêpe...

SIM

Qui appelles-tu le semi-débris ? Je suis un débris complet !

KERSAUSON

Non, non, tu représentes 50 % du volume de Castelli. Quant à la guêpe, si elle a pas une bonne bouse de cheval, elle perd le flair.

*

BOUVARD

La tour de Pise se redresse ! Quatre millimètres déjà, et elle ne cesse de se redresser.

YANNE

Pour une tour, c'est pas beaucoup quatre millimètres. Mais pour un petit fonctionnaire, c'est pas mal. Remarque, la tour, elle aurait été à l'horizontale, ça aurait été plus facile pour visiter. Plutôt que se faire chier à monter les marches. Parce que moi, j'y suis allé à Pise. Il fallait se le farcir l'escalier ! Tandis que, au sol, on prend les photos, on dit à mémère simplement : « Allonge-toi devant, tu diras que t'as grimpé.. »

*

KERSAUSON

Les Inuits, c'est une très belle population. Je vous signale que, culturellement parlant, vous l'avez sans doute ignoré, mais le docteur Schweitzer était inuit. Il est inuit docteur Schweitzer. C'est un des rares Esquimaux qui se soit occupé de l'Afrique avec bon cœur.

YANNE

Non, mais c'est vrai, en plus. C'est magnifique, la culture... La peinture inuite est formidable.

BOUVARD

Ça représente quoi ?

YANNE

C'est un peu blanc, parce que c'est des paysages. Alors évidemment... Le mec, il fait une toile de trois mètres sur deux qui représente la neige, évidemment...

THIERRY ROLAND

Et sur l'autre il fait la glace...

*

YANNE

Un jour avec Rassam, on arrive à Bogotá. Et puis on prend un taxi, on se dit, le soir... Et on m'avait volé mes papiers, en plus, alors on était obligés de rester là. On se dit : « On va quelque part ? » « Oui. » Bien... On venait de boulotter. Alors : « Où est-ce qu'on peut rigoler dans la ville ? » Alors le mec il dit : « Ça dépend, vous voulez aller dans un claque ? » On dit : « Oui, pourquoi pas ? » Il dit : « Noir, ou blanc ? » Alors nous, on dit : « Noir. » Noir, c'était des gens noirs, ça changeait des gens blancs, non ?

BOUVARD

Oui, ben oui.

YANNE

Alors on dit : « Ben, noir... » On arrive. On sonne à la porte. Le truc s'ouvre. Y avait que des cercueils et tout était comme chez Borniol. Tous les murs étaient tendus de noir, y avait des bougies, y avait des machins... On s'est sauvé en courant. Y a ça à Bogotá.

AMANDA LEAR

Et blanc, c'était quoi ?

YANNE

Ben blanc, j'en sais rien. Ça devait être des mariés.

*

JEAN LEFEBVRE

Moi, je suis allé un jour à Budapest, en avion, dans un Iliouchine, qu'ils l'appellent. Vous voyez, c'est la Caravelle, ils ont piqué nos plans mais ils ont oublié quelques boulons. Alors y a toujours des emmerdes. J'arrive dans cette Caravelle, on n'était pas très nombreux, on était six, je me mets au fond, et tout à coup j'entends le réacteur qui était sur ma droite : Nnnnn pfff, nnnnn pff. Comme une vieille moto. J'appelle l'hôtesse, je lui dis : « Écoutez, j'ai pas peur en avion, ça ne me regarde pas, mais le réacteur il marche pas très bien. » Elle me dit : « Je vais me renseigner. » Elle part, elle disparaît pendant un quart d'heure, et pendant un quart d'heure, le moteur : Euuuu pff, euuuu pff ! Et elle revient, toute souriante, et me dit : « Vous avez raison, l'accélération se fait mal. » J'avais qu'une hâte, c'était d'arriver. L'hôtesse repart. Le réacteur se met à faire : Ummm pffff crrrr... Plus rien ! Elle revient, je vous jure, souriante, elle me dit : « Voyez, monsieur, on vous a fait plaisir, on l'a arrêté. »

*

BOUVARD

Brest est une ville sainte pour l'amiral, hein ?

KERSAUSON

C'est un endroit sublime, Brest.

BOUVARD

Il paraît qu'il y a des collèges de jeunes filles extraordinaires.

KERSAUSON

C'est des jeunes filles pas polluées. Elles prennent le bon vent d'ouest, sous les jupes, hein. Parce que, à Paris, elles prennent sous les jupes tous les remugles du métro, tandis que là les corps sont frais aérés par l'océan, c'est une très belle jeunesse qui vit là.

SIM

Les cafés du port, la rade de Brest...

BOUVARD

C'est beau, c'est beau.

SIM

La pointe du Raz, c'est beau.

KERSAUSON

C'est un des plus beaux endroits du monde. Le climat y est parfois hostile. C'est vrai.

SIM

C'est une ville du tonnerre.

BOUVARD

Mais vous croyez vraiment qu'il y pleut plus qu'ailleurs ?

KERSAUSON

Non. À Brest, la pluie ne mouille que les cons. Il pleut pas tellement chez nous. On a de très beaux étés. Moi, j'ai eu des étés avec une seule fois de la neige. Et à Brest il pleut en général deux fois par an, ou trois fois par an : une fois six mois, et deux fois trois mois. Vous connaissez l'histoire du petit Brestois ? Y a sa maman qui lui dit : « Mon chéri, dépêche-toi, parce qu'on va aller à la plage jouir du soleil. – Maman, c'est quoi le soleil ? – Mais enfin, tu sais bien ce que c'est le soleil. – Enfin maman, tu oublies que je n'ai que sept ans. »

*

BOUVARD

De madame Mepeley, de Montluçon.

YANNE

C'est bien de savoir où est Montluçon ! Moi, j'aime beaucoup les gens de Montluçon.

BOUVARD

Qu'est-ce qu'il y a à Montluçon ?

YANNE

Son nougat.

BOUVARD

Ah ! Le nougat de Montluçon...

YANNE

C'est quand même la capitale du champagne, comme tout le Bordelais, d'ailleurs.

SIM

Je trouve étonnant que Philippe ne soit jamais allé à Montluçon.

KERSAUSON

Vous avez jamais vu Montluçon et lumières...

YANNE

D'ailleurs, la Vierge de Montluçon qui est apparue, a donné naissance au pèlerinage.

KERSAUSON

La seule Vierge qui soit apparue en bagnole à un feu rouge. Y a deux agents qui n'y croyaient pas.

YANNE

Y a un poème sur Montluçon qui dit :

Montluçon, tu me plais,
J'aime beaucoup tes filles.
Montluçon, je t'en prie,
Retire ta cédille.

KERSAUSON

(Fort, voix de chef de gare.)

Montluçon ! Montluçon ! Cinq minutes d'arrêt, buffet gastronomique ! Attention au départ s'il vous plaît ! Fermez les portières ! La Garenne-Chevreuse, branlez le petit, chignez le chef... attention au départ !

YANNE

Pensez que Roosevelt avait quand même dit : « On s'en fout qu'ils détruisent Pearl Harbor, on ira à Montluçon ! » Ça, je l'ai pas inventé !

BOUVARD

La culture peut reprendre ses droits ?

KERSAUSON

Dès que vous sortez du bois de Montluçon, c'est sans problème.

BOUVARD

Ah, y a un bois à Montluçon ?

KERSAUSON

Et on n'a pas parlé des petits métiers de Montluçon.

YANNE

Les pignoleurs, par exemple. J'ai visité notre Luçon, votre Luçon... Parlons quand même des choses tragiques : les fumeries de Montluçon... Les fumeries de Montluçon sont un réel fléau.

BOUVARD

Qu'est-ce qu'on fume, là-bas ?

YANNE

Le saumon.

BOUVARD

Je me demande si j'en sortirai aujourd'hui, de Montluçon.

KERSAUSON

C'est pas possible. Il faut demander à quelqu'un qui vous explique le chemin, d'ailleurs. Montluçon est très étendu. Sans plan, un étranger ne peut pas sortir de Montluçon.

YANNE

Et Montluçon-Chantier, c'est de la merde ?

*

YANNE

Moi je me souviens, un jour, on était au-dessus de Vientiane et on faisait des repérages pour un film qui s'appelait *Les Chinois à Paris*. On était allés à Hong Kong, on revenait à Vientiane, et on avait pris un avion à hélices, et pendant tout le voyage on était à l'arrière, où il y avait une sorte de petit salon. Et il y avait un mec très, très gentil, et très, très marrant, qui discutait avec nous, et il buvait des coups... Mais il était bourré comme un vieux machin. Et à un certain moment, y a une hôtesse qui est venue et elle a annoncé : « On arrive. » Et il dit : « Excusez-moi, il faut que j'assure l'atterrissage », et il est reparti. Il avait fait tout le voyage à se bourrer la gueule avec nous pendant deux heures à l'arrière, en pilote automatique.

AMANDA LEAR

Et l'atterrissage était comment ?

YANNE

Le mec est tombé... Il a fait comme un mec qui fait un demi-tour avec une moto, quoi ! Il s'est posé, dérapage, clac, clac, il est arrivé juste devant la porte...

*

CHRISTIAN JACQ

Une anecdote terrible de douaniers. Quand on a découvert les momies, notamment de Ramsès II, on les a mises sur un bateau, et on les a transportées de Louqsor jusqu'au Caire. Le problème, c'est qu'on tombe sur les douaniers. Le type voit le chargement avec les momies. Il regarde sa liste pour savoir à quel taux il va taxer la marchandise, et – c'est authentique – il ne trouve pas. Pharaon, c'était pas répertorié comme marchandise. Alors le mec, il a taxé ça comme poisson séché.

*

JACQUES MARTIN

Kersauson, c'est un spécialiste mondial du naufrage ! Ben, dis-le, Olivier, y a des marins qui se spécialisent...

KERSAUSON

Non, mais moi, dans mes entreprises, j'me mouille, en général. C'est tout.

PHILIPPE CASTELLI

Il rentre dans des phares parce qu'il est rond, il ébrèche les continents...

KERSAUSON

Cherche-moi, tu vas voir le brouillard que j'vais t'faire à la sortie pour te faire naviguer.

MARTIN

Méfie-toi, méfie-toi, tu sais, il est violent.

CASTELLI

Si tu m'embêtes, j'te raconte une histoire...

MARTIN

C'est déloyal.

BOUVARD

Monsieur de Kersauson, narrez-nous un de vos naufrages.

MARTIN

La parole est au capitaine Coule !

Bouvard

Vous êtes à bord de votre bateau, vous voyez que ça va pas, hein..

Kersauson

D'abord, je n'ai pas fait *des* naufrages...

Bouvard

Alors un seul.

Kersauson

En plus ce n'est pas parce que je passe un peu de temps avec quelques épaves que je suis un naufragé moi-même.

*

Kersauson

Il faut organiser un beau naufrage, pour que les vieilles et riches passagères se mettent tous les bijoux aux doigts et qu'elles s'agrippent aux canots de sauvetage. Et là, avec une machette, vous ne récupérez que les doigts. Ça, ça devient une affaire formidable, parce que toutes les vieilles, elles sont là, et comme elles crient au secours, on voit si c'est la peine d'y aller tout de suite, parce qu'il y a que les mains qui sortent de l'eau. La perruque est de travers, vous voyez que les mains, et vous allez secourir un trente carats, un quarante carats, des émeraudes... Vous les laissez s'accrocher, faut qu'elles tiennent fermement, parce que sinon ça coupe mal, et tac, sur le plat-bord vous débitez les doigts. Ça, c'est une combine en or.

SIM

Faut faire ça avant qu'elles tombent sur un banc de maquereaux, hein.

*

YANNE

Écoutez, vous pouvez prévenir chez vous parce que vous n'êtes pas rentrés tout de suite. Allez téléphoner, envoyez un télégramme, parce que la politesse chez les Japonais, ça va nous prendre une heure et quart... Ils arrosent les pieds avec du parfum, parce que parfois y a des Japonais qui reniflent... Parce que c'est les premiers à sentir : c'est comme le grisou avec les petits chiens... Comme ils sont petits, les Japonais, ils sont au ras du sol. Alors ils avertissent leur maman, ils disent : « Le mec, il sent des pieds. » Le temps que ça arrive à la mère et au père... Surtout le père, si c'est un très grand Japonais, un mètre cinquante, un des grands Japonais. Ils mettent des truffes dedans. Ils foutent des étiquettes pour qu'on les reconnaisse. Il y a beaucoup de visiteurs. Ils mettent : Chaussures appartenant à monsieur Suyaka Ymitati, pour pas qu'on les file à Yamamoto Kusuyama, qui se couche dedans – comme ils sont tout petits... L'invité arrive : « Bonjour, monsieur le Japonais inviteur. – Bonjour, monsieur le Japonais invité, puis-je vous retirer vos godasses ? – Mais je suis déjà à côté de mes pompes », il dit. Le petit Japonais de cinq ans arrive derrière, furtif, hop !, il pique les godasses. Voilà notre Japonais enfant en possession d'une paire de godasses. Qu'est-ce qu'il peut faire avec une paire de godasses, à moins d'une déviation sexuelle japonaise, que je ne connais pas ? Il peut penser à sa maman en se tapant une paire de brodequins, mais je ne vois pas le rapport.

BOUVARD

On leur apprend à mettre dans le sens de la sortie les chaussures que les visiteurs ont ôtées en entrant dans la maison.

YANNE

Voilà qui est délicat ! Voilà qui est très gentil, alors ! Moi, je débarque chez un Japonais, je retire mes godasses, déjà ça me plaît pas mais enfin bon, je retire mes pompes, je vois un moutard qui arrive, qui prend les pompes, qui me les met dans le sens de la sortie, je rentre dedans et j'me barre ! Qu'est-ce que je vais rester à m'emmerder chez un Japonais qui veut que je parte avant même que je sois entré ?! Mais vous rigolez ?! C'est poli, ça ? Morveux de Japonais ! Si je vois un petit môme de Japonais, je vois un petit con de cinq ans qui arrive avec les yeux bridés : tu vas voir comment je vais lui filer une tarte dans son claque-merde, moi !

*

JEAN-PIERRE COFFE

La peau d'un sumo, c'est incroyable ! C'est d'une douceur, tu peux pas savoir ! On dirait de la peau de bite.

JACQUES BALUTIN

Pardon ? Il a tâté ?...

COFFE

Non. Je t'en prie... J'étais dans l'exercice de mon métier, j'interviewais un sumo, je voyais cette énorme masse en face de moi qui pensait...

BALUTIN

Et tu avais envie de lui...

COFFE

Mais non ! À aucun moment ! Je dis à l'interprète : « Est-ce que vous pouvez demander à ce monsieur si je peux le toucher, si je peux toucher sa peau ? » Ça avait l'air tellement lisse...

YANNE

Ça dépend du chèque qu'il lui propose.

COFFE

Non, non. Il m'a dit : « Mais oui », très gentiment.

BALUTIN

Non, il a dit : *(Accent japonais.)* Ano rerro !

COFFE

C'était très rigolo, parce que...

BALUTIN

Plus tu le caressais, plus il gonflait.

COFFE

... ma main avait l'air perdue dans cette masse, c'était incroyable...

YANNE

Heureusement que c'est la même peau, parce qu'on n'a pas toujours un sumo sous la main.

COFFE

C'était délicieux ! Une peau d'une douceur absolue...

BOUVARD

C'est grâce à la bière, la bière de Kobe avec laquelle on les lave comme les bœufs.

COFFE

Ils sont oints, huilés, poncés, nettoyés, grattés, caressés...

BOUVARD

Pas un poil ?

COFFE

Bien sûr que non.

BOUVARD

Et autrement, de la conversation ?

COFFE

Ben, ils parlaient japonais ! J'ai pas cherché à parler avec eux. Ce que je voulais, ma seule idée, c'était de toucher la peau.

BOUVARD

Il avait l'air de trouver ça agréable ?

COFFE

Il n'a rien dit... Il n'a pas filé son rencard, il n'a pas filé sa carte de visite, un truc comme ça, non.

YANNE

Ça a duré quoi ? Vingt-cinq minutes ?

COFFE

Même pas.

YANNE

Ah, le furtif de sumo, c'est pas non plus n'importe quoi

*

YANNE

C'est plus dur de séparer les femmes et les hommes dans les hôtels russes. Moi, j'en ai souffert de ça. Y avait pourtant plein de jeunes femmes au bar, qui avaient l'air de s'ennuyer, qui étaient là, en bas, dans les hôtels russes... *(Paroles en faux russe.)* « Je m'ennuyais. » « Bon d'accord, viens, ma grosse, je vais te consoler », parce qu'on trouvait ça déchirant la plainte de ces jeunes femmes abandonnées.

BOUVARD

J'ai un souvenir, il fallait leur donner quelque chose à livrer, ou une machine à écrire, elles passaient pour des secrétaires.

YANNE

Ouais. C'est dur d'organiser toute une histoire de tapinage avec des gonzesses avec des cuissardes et des machines à écrire. Tu vois toutes les gonzesses de la rue Saint-Denis avec une Olivetti sous le bras... « T'as pas envie de faire taper quelque chose, mon chéri ?... »

*

YANNE

J'étais allé une fois, pas en tournée de théâtre mais dans un machin avec la radio, à Saintes, je sais pas si ça a changé maintenant. Et à Saintes, on est allés en face du théâtre où il y avait un hôtel, et le mec m'a dit: « Vous voulez une chambre avec salle de bain ou sans salle de bain ? » Je lui dis : « Avec salle de bain. » Il m'a dit : « Bon, alors je vous accompagne. » Il a pris une clef, on est montés dans la chambre. Y avait une alcôve, y avait une baignoire et un bidet et une grille avec un cadenas. Et le mec a ouvert le cadenas, il a écarté la grille. Je lui dis : « Mais pourquoi est-ce qu'il y a cette grille ? » Il m'a dit : « C'est quand on la loue sans salle de bain... »

*

BOUVARD

Vous n'étiez pas à l'aise sur le bateau de Kersauson ?

JEAN-MARIE BIGARD

Si, si, mais enfin, tu marches sur un filet tout le temps. J'ai passé vingt-quatre heures, j'avais des mollets qui avaient doublé de volume parce que t'es sur un trampoline en permanence, sur ce bateau-là.

BOUVARD

C'est confortable à l'intérieur ?

BIGARD

Ah ouais, c'est génial ! T'as l'impression d'être dans un placard à balais. Pour faire caca, je t'en parle pas. Parce que, comme monsieur, pas question d'avoir un moteur parce que c'est trop lourd. Donc tu fais caca sans chichi. Et là, j'te garantis, tu vois c'que t'as fait, parce que ça reste au fond, et ensuite tu prends un tuyau à côté, tu pompes de l'eau de mer avec ton pied, pfff, pfff, pfff, et là tu le remplis. Et la consigne donnée par le capitaine, c'est qu'il faut le remplir trois fois, pour être sûr qu'il y ait pas de merde dans les tuyaux, qu'elle remonte pas ou qu'elle bouche pas la pompe. Parce que si tu bouches la pompe, c'est toi qui la démontes. C'est toi qui mets les mains dans la merde. Y a plus de vedette, y a plus personne, y a plus que le capitaine, qui est Dieu, le vrai Dieu. Donc tu fais attention, et puis tu pompes, comme les Shadocks et tout. Moi, c'est simple : j'ai fait une fois caca, et puis j'ai attendu Brest. Parce que j'ai dit non, c'est trop pénible de pédaler comme ça, dans le truc pour rincer les chiottes. Et puis y a juste un rideau : donc tout le monde entend. Des fois, t'as un bout de crottin, un gaz, un autre bout de crottin, un gaz. Et là, t'as du mal à le gérer ce gaz-là, parce que t'es en train de pousser. Tu peux pas dire : « Hop, je ralentis, j'en fais qu'un, qui finit en pointe, après je fais juste un petit pfffff pour pas que ça s'entende et tout. » Non. La bulle qu'il y a entre deux crottins, ça claque ! Et t'as tout l'équipage qui est là et qui entend, et qui fait : « Bravo ! Oh, dis donc, y a le temps qui se gâte !... » Voilà ce que j'ai vécu sur le *Géronimo*.

*

BOUVARD

Vous auriez pu être chanoine.

YANNE

Ben, je le suis déjà, en plus... À Vegas, j'ai acheté le titre quinze dollars... On peut être prêtre des églises réformées, on s'inscrit, c'est tout.

BOUVARD

Vous êtes prêtre d'une église réformée ?

YANNE

J'ai demandé à être évêque de l'Église des adventistes du septième jour et demi avec palmes et fourragère, un truc bien compliqué.

KERSAUSON

Quinze dollars, c'était plus cher que si t'avais été curé, tout simplement. Ça s'achète.

YANNE

Mais n'importe qui s'inscrit. C'est bien, on paie moins d'impôts comme ça.

BOUVARD

Mais c'est curieux que les évêques, là-bas, ils portent la palme et la fourragère comme les gardiens de la paix ici.

YANNE

Ouais. C'est un gardien de la paix spirituel.

*

BOUVARD

Dites-moi, cher Jean Yanne, parlez-moi de la jupe aux États-Unis.

YANNE

Mais c'est pas la jupe aux États-Unis : tous les gens qui ont eu la chance d'aller aux États-Unis faire un petit voyage d'agrément, et tout particulièrement, je dois le dire, en Floride, parce que, en Californie, y a encore des normes, mais en Floride le tour de fesses des gens dépasse le un mètre quatre-vingts. C'est quelque chose d'inimaginable les culs qu'il y a en Floride ! Et en plus, comme les Américains n'ont absolument aucun complexe, plus ils ont des grosses fesses, plus ils se foutent des pantalons à carreaux, des pantalons à rayures horizontales, des trucs à fleurs...

MARTIN

Ça leur permet de se repérer : Je suis un bouton au quatrième carreau en partant du bas...

YANNE

C'est vraiment le premier endroit du monde, je crois, où on rencontre le plus de familles d'obèses. Ce qu'il y a de magnifique chez les Américains, et surtout chez les habitants de la Floride, c'est qu'ils se marient entre gros et font des gros.

MARTIN

Des petits...

YANNE

Des petits gros.

BOUVARD

Et y a pas ce racisme antigros...

YANNE

Mais pas du tout, parce que la loi américaine interdit le ségrégationnisme sous quelque forme que ce soit. C'est-à-dire que si un type entre dans un restaurant, il a droit à avoir un siège qui correspond à sa corpulence. Et si vous lui dites : « Les chaises sont trop petites », il vous fout un procès au cul et... c'est une horreur !

FRANCIS PERRIN

On n'a pas le droit de dire : « Toi, t'es un gros. »

YANNE

Non. Et si tu dis : « T'es un gros nègre », alors là c'est terrifiant !

*

BOUVARD

Pompéi, c'est des ruines, y a plus rien !

YANNE

Y a pas que des ruines, y a des grandes avenues avec tout un tas de corps qui ont été pris dans la lave. Oui, bien sûr, alors on a fait des moulages, ça donne des idées. Y en a qui sont à quatre pattes : bon, alors en sortant on dit : « Tiens... » Ça émoustille un peu. On dit que les gens ont été pris dans la position dans laquelle ils étaient quand il y a eu l'éruption du volcan. Je veux dire qu'ils étaient dans des drôles de positions, les mecs ! Y a très, très peu de mecs au boulot. Y a pas un cordonnier, y a pas un mec qui tape à la machine, pas un mec qui a une bêche et tout. Ils sont tous à quatre pattes, les pattes en l'air, sur le côté... Pompéi, c'est très édifiant.

*

KERSAUSON

(Accent paysan.)

Eh ben, quoi, mon Jeannot, tu veux quitter notr' terre
Et laisser à la ferme, là-bas, ta pauvre mère ?
Dis-lui donc, la mère, au lieu d'éplucher tes pruneaux...

MARTIN

Ça se passe dans la région d'Agen.

KERSAUSON

Tu partiras tout seul prendr' ton lait chez le laitier
Plutôt qu'comme d'habitude même la vache a tété.
Adieu les beaux souvenirs, les moments merveilleux,
Quand notre belle campagne t'en mettait plein les yeux !
Mon Jeannot où tu t'en vas ? Dans un bureau sordide.
On va te regretter. On va souvent penser :
Tu vas devenir maintenant comme ces êtres apatrides
Qui dans les grandes villes en mendiant vont errer.
Alors que là, chez nous t'as tout à profusion !!
Du lard, du goret, du porc et du cochon !
Oui, tu peux tout avoir, même manger du lapin
Et le soir avec Minette te faire un p'tit peu d'bien.

Chapitre 5

À force de se cultiver, les Grosses Têtes se plantent moins

PHILIPPE BOUVARD

De l'abbé Pierlot, de Méaulte : de 1867 à 1870, quelle maladie Louis Pasteur étudia-t-il à la demande du gouvernement français ?

JEAN YANNE

La débirousse.

BOUVARD

La quoi ?

YANNE

La débirousse.

BOUVARD

Qu'est-ce que c'est ?

YANNE

Ben y a la foureverte ou la débirousse. C'est pareil.

BOUVARD

Qu'est-ce que c'est comme maladie ?

YANNE

C'est, heu... la diarrhée des lapins. Il était dans le Midi, et il dit : *(Accent.)* « Putain, mes lapins ! Y en a la moitié qui a la débirousse et l'autre moitié qui a la foureverte. »

JACQUES BALUTIN

La diphtérie ?

YANNE

Pasteur, il a jamais rien étudié, il a toujours tout découvert par hasard. Il renversait, un truc, splash ! « Ah merde, qu'est-ce que c'est que ça ? » Bon, il voyait les microbes, béhéhéhé... C'est comme ça qu'il a découvert la pasteurisation. Il laisse bouillir un machin, pouf, le lait tourne plus... À un moment, il amène le... Parce que, on va me raconter ce qu'on veut, mais il s'est pas passé des choses avec le petit Joseph Mesmer, alors là...

BOUVARD

Celui qui a la rage. Qu'est-ce qui s'est passé exactement ?

YANNE

Ben, quand on lui amène un petit enfant joli et tout, comme ça : « J'ai été mordu par un chien. » « Viens sur mes genoux, mon petit Joseph ! » Le truc formidable, c'est que vous voyez comme la légende se change. Le petit Joseph Mesmer est le mec qui a mordu le chien. D'abord. Le chien, il y était pour rien du tout. Le pauvre chien ! On a tué le chien qui avait rien foutu. Cet imbécile d'Alsacien s'était baladé partout, il mordait tout ce qui bouge, il attrape un chien, hop, il le mord. Le chien, il gueule, il bave. Les mecs : « Oh, il a la rage. » Et bougn ! Et pour pas se faire engueuler : « Ah, il m'a mordu, le chien » et tout. Alors on a vacciné Joseph Mesmer qui avait...

FRANCIS PERRIN

Et le chien est mort ; en fait, le vaccin de Pasteur était pas au point du tout.

YANNE

Pasteur était un imbécile !

PERRIN

En plus, il vaccinait du beurre, il paraît.

BOUVARD

Non, il faisait du beurre pasteurisé, ce qui est différent.

YANNE

Eh ben, c'est comme ça : comment vous croyez qu'on pasteurise le beurre ?

PERRIN

Avec le vaccin de la rage.

YANNE

On a un élevage de beurre, et on prend des petits bouts de beurre, qu'on insémine.

BOUVARD

Ah, l'histoire de Pasteur racontée aux enfants...

YANNE

Tiens, Pasteur : mon œil, oui.

BOUVARD

Qu'est-ce que vous avez contre Pasteur qui est une de nos gloires scientifiques ?

YANNE

J'aime pas *La Marseillaise,* j'aime pas les paroles, je vous le dis tout de suite.

BOUVARD

Qu'est-ce qu'il vient faire là-dedans, Pasteur ?

YANNE

C'est pas Pasteur qui a écrit *La Marseillaise* ? Je suis un con, ou quoi ? Non ? Je dis des conneries ? Dites-le, si je dis des conneries.

BOUVARD

Non, je ne me permettrais pas. Mais enfin, y a un petit doute, quand même.

YANNE

C'est un nom comme ça, alors.

BOUVARD

On lui a demandé d'étudier les maladies d'une certaine espèce animale.

YANNE

Le pou de corps. *(En roulant les r.)* Il a inventé la Marie-Rose. D'ailleurs, Marie-Rose Pasteur, son épouse, charmante. Très charmante. Madame Pasteur, on n'en parle jamais. Alors, en voilà une glorieuse dame, mais qui n'a pas été vraiment...

BOUVARD

Elle n'a rien fait

YANNE

Elle a rien fait ? Et le repos du pasteur, c'est quoi ? Quand parlera-t-on suffisamment de ces femmes qui, dans l'ombre, derrière les grands hommes, les aident à mener leur combat contre la vie et à réussir dans l'existence... Et l'autre qui rentrait plein de saloperies de chiens et tout, qui avaient fait de la rage plein de bave, tous les soirs. « Marie-Rose, lave-moi ma chemise. » Hop ! Marie-Rose Pasteur à quatre pattes, en train de... C'est pas beau ça ? Et l'autre, il revenait avec du lait caillé, il cherchait la pasteurisation, il s'en foutait plein sur lui, il se bourrait de yaourts. Et qui se tapait cent machines à laver ? Encore Marie-Rose Pasteur, et vas-y, avec la brosse et tout... C'est ben vrai. D'ailleurs, Marie-Rose Pasteur, c'est la mère Denis, même combat, hein... *(Applaudissements nourris.)*

*

BOUVARD

Une question d'histoire, de monsieur Brémont. Philippe le Bon, duc de Bourgogne, a créé l'ordre de...

YANNE

Très gentil. Un *très* gentil souverain ! Très sympathique, aimé de tous, serviable, qui tous les matins promenait son chien dans la rue, rencontrait les gens : « Comment allez-vous, monsieur Vergeot ? – Très bien, et vous, votre Majesté ? – Ça va, ça va... »

BOUVARD

Il disait même : « On fait aller. »

YANNE

« Un bonbon pour la toux ? » Il distribuait des pastilles Valda qu'il avait dans ses poches, des cachous aux enfants... C'est un des premiers mecs qui a distribué des bananes, dans les rues, et les pastilles vitaminées, bien avant le maréchal Pétain, hein, Philippe le Bon !

*

YANNE

C'est des trucs qu'on ne doit pas raconter aux enfants, *Le Petit Poucet*. Le mec il est là, le bûcheron. Il est avec sa femme, il dit : « Oh, dis donc, on n'a plus de pognon, bon, ben, on va paumer les gosses... Allez, on va les mettre dans la forêt, on va les laisser, on va rentrer, et on va être peinards tous les deux, tous les soirs, on va se faire un plateau télé, on va être tranquilles et on n'aura plus les chiards qui nous emmerdent ! » C'est pas moral de raconter ça à un enfant...

THIERRY ROLAND

Là, visiblement, vous l'avez énervé !

YANNE

En plus, *Le Petit Poucet*... L'autre dit : « On va les perdre parce qu'on n'a rien à bouffer. » Lui, qu'est-ce qu'il fait ? Il prend du pain et il envoie les miettes : c'est un abruti, au lieu de manger le pain !

*

YANNE

Cromagnon est une déformation de gros magnum. Et le champagne a été inventé dans le Périgord, comme vous le savez, c'est une méthode de vinification, et c'est dans le Périgord qu'on a fait, pour la première fois, ces grosses bouteilles qu'on appelait des gros magnums. Et l'homme en question, le Périgourdin, de Neandertal, est très friand de champagne. Et comme il se tapait des gros magnums, on l'a appelé l'homme de Gros Magnum, qui est devenu...

BOUVARD

Explication ingénieuse, mais qui n'est pas la bonne.

YANNE

Alors, la deuxième explication, c'est que Cromagnon vient de gros moignon qui désignait les grands blessés des épopées napoléoniennes, qui revenaient les bras coupés...

*

YANNE

Je vais vous expliquer la relativité. Vous avez un train. Le train, il avance. Dans le train, vous avez un type qui marche. Et sur le type qui marche, y a un pou qui se déplace. Vous additionnez la vitesse du train, plus la vitesse du mec, plus la vitesse du pou : le train, il va pas plus vite, et ils arrivent les trois en même temps...

*

YANNE

Vercingétorix n'avait pas de moustaches, c'est tout. Du tout. Il était très blond, il avait des grands cheveux blonds, et il avait pas de moustaches du tout.

JACQUES MARTIN

Faut dire une chose : Charlemagne n'a jamais eu de barbe.

YANNE

Il avait pas de barbe non plus. Si c'est des trucs historiques que vous voulez, des choses comme ça où vous voulez vraiment qu'on vous explique ce qui s'est réellement passé, c'est pas dur.

MARTIN

Napoléon n'a jamais existé. Napoléon a été brûlé à Sainte-Hélène...

YANNE

Joséphine de Bellebride avait un ami qui s'appelait Léon, à qui elle a dit un soir, pour l'aider : « File-moi un coup de main, mets la nappe, oh, Léon. » Enfin, une connerie pareille que Mozart, c'est la même chose. Il ne s'est jamais appelé Amadeus. Un jour, sa mère lui a dit : « Salis pas les fauteuils, ah, mets des housses, Mozart. »

MARTIN

Oui, exactement !

YANNE

Alors, immédiatement, les gens s'emparent de trucs, et puis les gosses apprennent ça à l'école et ça fait une génération de crétins comme... vous et moi.

*

YANNE

Le prunier mirobolant ne pousse qu'en septembre dans les années bissextiles, et quand on entre dans l'année du Tigre. Vous savez que le calendrier chinois n'est pas le même que le calendrier occidental, pas plus que le calendrier grégorien n'a de rapport avec le calendrier des Postes. Et la plupart du temps, le paysan qui constate qu'il a planté par hasard un prunier mirobolant alors qu'il croyait planter le *prunus vulgaris*, qui est le prunier commun, il appelle sa femme et dit : « Oh, Georgette, viens voir, y a que des prunes ! » Elle dit : « C'est mirobolant. » Parce que ça l'étonne. Le prunier mirobolant est un prunier qui offre la caractéristique de ne pas avoir de prunes...

BOUVARD

Bravo ! Bonne réponse.

*

JACQUES MAILHOT

Et quand on sait ce qu'a été Lauzun...

BOUVARD

Ah, Lauzun !...

YANNE

C'est l'époque de la Grande Mademoiselle... C'était formidable ! Un panard ! Inimaginable, la vue à Lauzun !

OLIVIER DE KERSAUSON

Les caravanes de chameaux s'arrêtaient pour amener de la soie.

YANNE

Bien sûr ! Des pépites et tout. Et l'équipe de Lauzun, c'était pas les conneries à Jacquet, hein !

MAILHOT

Ah non !!

JEAN-JACQUES PÉRONI

C'était quasiment le centre de l'Europe.

YANNE

Ça a failli remplacer Bruxelles, hein. Y avait à Lauzun… Y avait les Trautmann qui habitaient Lauzun.

MAILHOT

Oui. Mais y a longtemps.

YANNE

Après, ils sont partis vers…

BOUVARD

… vers Montluçon. Mais y a beaucoup de gens connus qui sont nés là-bas.

YANNE

Oui. La plupart des grands écrivains et tout…

MAILHOT

Émile Ricard est né à Lauzun.

KERSAUSON

Personne n'en parle, mais…

YANNE

Pasteur a découvert la rage à Lauzun.

PÉRONI

Laennec a inventé le stéthoscope à Lauzun, aussi.

YANNE

Saint-Exupéry a perdu son bracelet à Lauzun. Y a qu'à voir tous les événements qui se sont passés à Lauzun, à l'époque où la Loire prenait sa source à Lauzun...

MAILHOT

Sur le plateau de Lauzun. Et ils faisaient du beurre...

TOUS

Oh, le beurre de... Oh ! lala !

PÉRONI

Avec des vrais petits grains de sel de Lauzun, parce qu'ils avaient des marais salants à Lauzun. La mer s'était retirée très longtemps avant, comme pour préparer les prés-salés.

YANNE

Les frères Lumière, quand ils ont tourné l'arrivée du train à Lauzun en gare de Lauzun, et la sortie des usines Lumière à Lauzun... Et le lancement du *Titanic* à Lauzun, c'était pas rien. Une cérémonie, je vous dis pas comment c'était, avec le grand orchestre, y avait le grand orchestre philharmonique de Lauzun, c'était pas de la crotte non plus, hein !

*

JEAN DUTOURD

Quand j'étais gamin y avait une définition du flirt qui était : la main dans le truc et le truc dans la main, mais jamais le truc dans le truc.

*

JEAN-PIERRE RAFFARIN

Edgar Faure, sur un des derniers instants de sa vie, il a eu une passion, c'était les régions. Alors il a réuni les présidents de régions et, au dernier moment, il me passe la parole. Je n'avais rien préparé, et il me fait : « Ce n'est pas grave, allez-y. Vous faites : Un succès, un progrès, un espoir. Ça passe partout. Alors allez-y ! » Alors : « Cette caserne des pompiers, c'est un succès. Quand on voit comment elle a été construite, c'est formidable, c'est un progrès. Quand on voit comment ils ont été traités auparavant... Et c'est l'espoir de voir tous ceux qui... Ça s'est colmaté... C'est un succès. C'est un espoir quand je vois les choses avant, et c'est l'espoir de voir la France s'amuser enfin... »

BOUVARD

Et vous, vous avez conservé la formule, il vous arrive de l'employer ?

RAFFARIN

Rarement. Parce que je l'ai tellement racontée, maintenant, que je suis démasqué.

YANNE

Pourtant, j'ai vingt-six de QI, c'est pas beaucoup. C'est en dessous du singe. C'est entre le mouton et l'oursin. J'ai été convoqué par les autorités militaires parce que les mecs se sont dit : « Il se fout de notre gueule... » Et j'ai eu vingt-six.

CARLOS

Vous l'avez fait exprès ?

YANNE

Pas du tout ! Absolument pas. Je comprenais pas. Tout le monde se tirait, les mecs avaient rempli leur truc, moi j'étais à la page six et j'étais encore en train d'essayer de tourner, il y avait des trucs qui tournaient dans un sens et des trucs qui tournaient dans l'autre, et avec mon crayon comme ça, si la roue A tourne comme ça, dans quel sens tourne la roue B ? Après, y avait des machins, des carrés, des ronds, des trucs : cochez les deux qui sont pareils... Et je voyais les types, ils rendaient la copie, ils se barraient et tout, et moi je restais seul avec deux ou trois cultivateurs. Je me suis dit : « Qu'est-ce qui nous arrive ? » Après, les mecs sont partis. Le lendemain, on m'a convoqué : Monsieur, vingt-six... Ils n'ont jamais voulu croire...

CARLOS

Qu'est-ce qu'ils l'ont fait alors ?

YANNE

Rien. J'ai fait un gala pour les œuvres sociales. J'ai fait venir Jean Nohain. Le mec, il me dit : « Pourquoi vous êtes si bête ? » Je lui dis : « Vous savez, je suis dans le spectacle, je ne suis pas Nohain... » Il me dit : « Ah bon, et pour les œuvres sociales du régiment, vous connaissez du monde ? » Je lui dis : « Ben ouais, je connais du monde. » Il m'a dit : « Bon, alors allez-y, vous avez la permission, allez les chercher, faites-les venir. » Alors j'ai fait venir des copains à moi, des copains qui étaient beaucoup plus âgés, et notamment Nohain, qui est arrivé et qui a commencé à faire la présentation du gala, et qui a dit : « Bonjour, commandant, bonjour, machin, moi j'ai été adjudant dans le machin... » Il les a fait chier, il les a roulés dans la farine, et comme ça j'ai pu me faire pistonner. J'avais quand même que vingt-six. Et je les ai toujours, ça s'est pas amélioré ! Mais je suis tranquille avec mes vingt-six. Personne vient m'emmerder en disant : « Vous êtes un genie, entrez au Pentagone ou tous les trucs. » Parce qu'il faut se méfier des mecs trop malins. Les types viennent : « Non, non, vous êtes un savant », alors on vous en met... Regardez tous les types qui sont isolés et tout parce qu'ils sont... Moi, vous pouvez me laisser pendant un an avec un *computer*, j'arriverai même pas à mettre mon nom dessus, alors... La seule chose que je peux faire un peu, c'est comme les souris : essayer de me barrer par au-dessus. Alors là, peut-être. Ou alors taper trois fois pour que le machin s'ouvre si y a de la bouffe qui sort. Mais autrement...

*

YANNE

Je mélange un peu la Bible et les contes de Perrault. Bon, c'est vrai. Par exemple, le coup des bottes de sept lieues, je sais jamais exactement quand il les a mises, après je sais qu'il y avait Marie Madeleine qui dormait, le mec l'embrasse, elle se réveille, elle s'était piquée avec une quenouille... Enfin, des trucs... Je me rappelle un peu de ça, qu'il avait pris les douze apôtres, il est allé dans la forêt...

KERSAUSON

Il les a perdus...

YANNE

Ils ont jeté des cailloux, les mecs sont revenus à la maison, le père de Joseph a dit: « Allez, faut les rapporter... » Alors ils ont pris du pain azyme, je sais pas ce qu'ils ont foutu, moi... Même là-bas ils s'en rappellent plus. Moi, je suis allé en Israël. On dit: « Mais qu'est-ce qu'il s'est passé ? » Ils mélangent tout, mes mecs. Y avait pas de journaux à l'époque. Moi, j'ai la collection complète de *L'Illustration*. Ça commence à 1800, bien après. Bien après ! Y a le *Titanic*, y a des trucs comme ça. Mais sur Jésus, y a rien. Dans *L'Illustration*, que dalle ! Si: y a Sarah Bernhardt, mais ça n'a rien à voir.

*

YANNE

Vous connaissez l'histoire, quand le loup il est arrivé chez la grand-mère, elle lui a dit: « Tire la chevillette », il a tiré la chevillette, il est entré, et la grand-mère, ça faisait quand même quarante ans qu'elle avait pas vu un mec... Donc elle dit: « Ah, dis donc... » au loup. Elle regarde. Le loup dit: « Ben, je vais te sauter, grand-mère. » Il l'attrape, il peut pas y arriver. Y a rien à faire. Il avait un machin, mon vieux, c'était une horreur. Alors la grand-mère dit:

« Essaie encore, essaie encore ! » Alors il essaie une deuxième fois, il y arrive pas. Il dit : « Je regrette, les loups c'est pas fait pour les grands-mères. » Elle dit : « Si, si, par pitié, vas-y, mets-en un petit coup dans les baguettes, encore... » Il essaie une troisième fois, il y arrive pas. Il dit : « Putain, à quelle heure elle s'amène avec le beurre ? »

*

YANNE

Comment je peux savoir quelque chose sur la Samaritaine au XIXe siècle, moi ? Franchement, un type comme moi, je suis tranquille, peinard, machin, j'ai une vie sexuelle normale, je voyage, je fais un peu l'acteur et tout, je regarde, j'achète des livres, je suis pas plus con qu'un autre, j'ai une voiture normale, j'achète de l'essence, je paie mes impôts, comment voulez-vous que je sache ce qui se passait à la Samaritaine au XIXe siècle ? Ça fait partie des conneries, mais alors vraiment... Vous pouvez m'arracher les ongles que j'avouerai pas, hein. Déjà que je suis pas courageux courageux... Pendant la guerre, on m'aurait demandé l'adresse du commandant Fabien, y avait qu'à me montrer une lime à ongles, je balançais tout.

*

PIERRE BELLEMARE

Non. L'enfant mort au Temple n'est pas Louis XVII.

FRANCIS PERRIN

Alors, l'enfant qui est mort au Temple, c'est donc un autre, qu'on aurait amené...

BELLEMARE

Plus âgé. Ce qui n'est pas sujet à caution, c'est le cadavre qu'on a retrouvé.

BOUVARD

On a le témoignage du cordonnier Simon, celui qui avait été chargé de le chaperonner.

BELLEMARE

Mais lui, il a menti sans arrêt. Ça, c'est certain.

BOUVARD

C'est fabuleux comme on peut occuper le terrain sans rien connaître d'un sujet !

BELLEMARE

Louis XVII est mort beaucoup plus tôt. Si on avait connu sa mort au moment où il est mort, cela n'aurait pas arrangé les affaires étrangères, dirons-nous, de la France.

MARTIN

C'est vrai qu'il y a des doutes monstrueux. Et tu n'as pas le droit de dire ça.

BELLEMARE

(Voix hautaine.)

Oh ! Alors là, mon petit père, ce droit-là, j'me l'prends ! On s'est suffisamment battus, justement, pendant cette putain de Révolution, pour qu'aujourd'hui un petit mec comme toi, qui travaille à Versailles, vienne pas m'emmerder, hein !!

*

JEAN D'ORMESSON

Vous connaissez la plus belle histoire de nègres, qui est une histoire d'Alexandre Dumas ? Alexandre Dumas faisait beaucoup de choses, et il avait des nègres pour faire pas mal de trucs. Par exemple, il faisait un feuilleton dans un journal, je ne sais plus lequel, et il avait un nègre pour faire le feuilleton. Et il ne savait pas le nom du feuilleton, il ne savait pas le titre, il ne savait pas le nom du héros, rien. Et un jour, à 6 heures, on vient lui annoncer une catastrophe : le nègre est mort. Alors il est épouvanté, parce qu'il ne peut pas faire la suite, il ne sait pas ce qui se passe dans ce feuilleton, il ne sait pas comment s'appellent les personnages. Il rentre chez lui, il se couche, il met son bras sur la tête et il a des cauchemars terribles, il a l'impression que le directeur vient frapper à sa porte pour réclamer la suite du feuilleton... Il passe une nuit abominable. Et le matin, à l'aube, il se dit : « Il faut quand même que j'aille acheter le journal pour voir ce qu'on a fait, ce qu'on a mis à la place de mon feuilleton. Est-ce qu'on a mis un blanc, est-ce qu'on a mis des insultes à mon endroit, qu'est-ce qu'on a fait ? » Il achète le journal, il l'ouvre, et, à sa stupeur, le feuilleton est là ! Et la clef de l'énigme est que le nègre avait un nègre, et que le nègre du nègre, n'ayant pas été prévenu de la mort du nègre, continuait à envoyer son feuilleton.

*

BOUVARD

Pourquoi, jusqu'en 1740, la statue de saint Guénolé était-elle particulièrement appréciée ?

KERSAUSON

Elle était en chocolat ?

BOUVARD

Non.

YANNE

Elle guérissait pas les gens ?

KERSAUSON

Ah, si, si ! Elle guérissait quand les femmes n'avaient pas de fécondité.

BOUVARD

Exactement.

KERSAUSON

Il fallait qu'elles aillent se frotter sur la statue de...

BOUVARD

Alors pas seulement se frotter, elles l'utilisaient...

KERSAUSON

Avec leur échelle, voilà. Mais la nuit, surtout, pas en plein jour. Elles venaient la nuit, ou un peu avant la levée du jour, elles s'approchaient de la statue, qui était bien raide, luisante de pluie, de désir, dans la Bretagne mystérieuse et profonde, et là, la jeune femme stérile, affolée de ce désir qui n'arrivait pas à concrétiser en elle la promesse de l'enfantement, se frottait contre l'extraordinaire sexe de métal, et là, dans sa chair pénétrée, tout à coup le miracle s'accomplissait. Le spermatozoïde et le jaune d'œuf, ensemble, solidaires, dans une trajectoire vertigineuse, s'emparaient de l'ovule et elle accouchait d'une crêpe.

*

YANNE

Cette fable de La Fontaine est un des poèmes les plus cons du monde. Le corbeau ne mange pas de fromage !!

KERSAUSON

Exact !

YANNE

Je vous défie de filer du fromage à un corbeau et qu'il le bouffe, et en plus, quel que soit le fromage, même si c'est un tout petit crottin de Chavignoles...

MARTIN

Il paraît que le curé de Pont-l'Évêque en mangeait !

YANNE

... vous n'arriverez jamais à faire tenir un fromage dans la bouche d'un corbeau. Et en plus, même si le corbeau, à la rigueur, je dis bien à la rigueur, en période de disette, même si, à la rigueur, un corbeau a un fromage, le renard il s'en fout alors, lui ! Un renard est absolument incapable d'aller faire le singe sous un corbeau pour manger le fromage. Ce qu'il veut, c'est manger le corbeau.

MARTIN

Ouais.

YANNE

Vous comprenez ? La soupe au corbeau, c'est bon. Moi, j'adore.

MARTIN

Et la fourmi est prêteuse.

YANNE

Vous savez comment on fait la soupe au corbeau ? On prend un corbeau, on le zigouille, on le vide, on le plume, on prépare un petit bouillon, on met des épices, on met quelques carottes, un bouquet garni...

MARTIN

Moi, je mets un poireau.

YANNE

... un poireau. On met le corbeau et on met un fer à repasser. On fait bouillir, et quand le fer à repasser est mou, on peut manger le corbeau. C'est une vieille recette de nos provinces.

*

BOUVARD

Lorsque Jean-Baptiste prêchait dans le désert, en attendant le Messie, de quoi se nourrissait-il ?

KERSAUSON

Des restes du Paris-Dakar !! Ah, mais les petits pois qui étaient au milieu de l'équipe Peugeot, là ! Corned-beef !!

*

YANNE

Mais les programmes scolaires sont absolument inintéressants. Parce que c'est pas actualisé. Moi je vois, j'ai un enfant qui est très jeune, et on lui dit : « Un homme prend le train, pour transporter une valise qui fait douze kilos... » C'est pas actuel, il a jamais vu ça. Si on lui dit, par exemple : « Un dealer prend le train, avec vingt-deux grammes d'héro », alors là d'accord, il comprend !

KERSAUSON

En sachant qu'Yvan Colonna est parti dans le maquis à midi, à quelle heure la police l'arrêtera-t-elle ?

YANNE

Il faut actualiser les problèmes. Au lieu d'apprendre, par exemple, les trucs : « Cher petit oreiller, chaud et doux sous ma tête... » Avec : « Pour promener Mimie, ma petite amie Mimie, et son jeune frère Toto, j'ai une auto... » Alors là, évidemment, l'enfant s'intéresse. On l'ouvre à la vie.

*

BOUVARD

Le fameux proverbe, par exemple, « Noël au balcon, Pâques aux tisons », ne s'est pas vérifié plus de deux fois sur dix...

YANNE

Mais « Neige en novembre, Noël en décembre... » Oui...

CARLOS

C'est un proverbe belge.

YANNE

C'est vrai, ça ?

JEAN-JACQUES PÉRONI

Moi, j'ai un proverbe qui marche toujours, hein : « Tant va la cruche à l'eau qu'à la fin ma femme elle est trempée. »

YANNE

Et si on les mélange, c'est encore mieux. Si on dit : « Qui rit vendredi n'amasse pas mousse. »

PÉRONI

« Qui veut aller loin et la caravane passe. »

Chapitre 6

Les Grosses Têtes cherchent la petite bête et apprivoisent les grosses

JEAN YANNE

J'ai vu des girafes en Australie, comme tout le monde, avec la poche et le petit dedans, et qui veulent nous épater parce qu'elles pondent des œufs très gros, mais c'est con, la girafe, comme animal. Ça sait pas nager.

OLIVIER DE KERSAUSON

C'est vrai. On dirait une speakerine.

JACQUES MARTIN

Ah oui, c'est con ! J'ai jamais vu une girafe, j'en ai une à la maison, ouvrir un livre.

YANNE

La girafe, c'est bête. Elle est foncièrement bête. Elle est admirable parce que, quand elle baisse la tête, y a un système compensatoire, qui, comme chacun sait, compense la pression... Mais toute girafe plongée dans un liquide doit sa survie parce que, bon d'accord, elle peut continuer à respirer, c'est tout. Elle a pied plus longtemps, quoi. Quoi, quoi ? Qu'est-ce que vous allez nous épater avec une girafe ?

MARTIN

Non, y a une chose qu'on peut dire : le nez de girafe est joli.

YANNE

Off, ouais. En Amérique du Sud, parce que le guano, bon d'accord, mais enfin, la girafe... Si, la seule chose que ça a, c'est que, en laisse, c'est assez marrant parce qu'on a l'impression de se balader avec un ballon. Pour les enfants, c'est rigolo. C'est plus marrant qu'un poney. Mais faut pas laisser les enfants trop longtemps en compagnie des girafes, parce que c'est phallique.

KERSAUSON

Personnellement, je ne sais pas, mais moi, j'ai jamais permis à mes enfants de tripoter une girafe avant quinze ans.

YANNE

Moi, j'ai pas d'enfants. J'ai eu une girafe, qui ne m'a pas donné d'enfants.

KERSAUSON

Mais ta girafe était très belle, hein ?

YANNE

Oh, elle était belle !

KERSAUSON

Il l'avait habillée.

YANNE

Deux porte-jarretelles, évidemment. Ça a quatre pattes, une girafe. Et puis j'ai dû m'en séparer.

PHILIPPE BOUVARD

Pourquoi ?

YANNE

Les avions. À cause des avions. Je voyage beaucoup, alors... « Allô, Air France, je voudrais un billet avec avicab, ça s'appelle, vous savez, animal vivant cabine. – Oui. Qu'est-ce que c'est ? – Une girafe. – Ah non... » Les girafes ont disparu complètement de la France à cause de la SNCF. Parce que c'était : homme en long : quarante ; girafe en long : une. Et ils ont mis des chevaux. On peut en mettre huit. *(Accent pied-noir.)* La girafe est composée essentiellement de quatre pattes qui descendent jusqu'à terre et d'un cou très haut qui réussit à remonter très haut aussi. Il y a différentes catégories de girafes, dont une onomanonculepradoquée... qui est connue comme la Valéry, la Valéry Girafe d'Estaing.

BOUVARD

Quelle est la condition indispensable pour qu'une femelle écrevisse puisse être fécondée ?

YANNE

Faut qu'elle soit mignonne ! C'est comme pour toutes les races : il faut qu'elle soit aguichante, plaisante, séduisante, parfumée, coiffée...

KERSAUSON

... bien habillée...

YANNE

... sur elle et tout, qu'elle ait des longs gants noirs et des chaussures à talons. Parce que sans ça, si elle est négligée, un vieux peignoir mal fermé, les bas tombants sur les chaussures, l'écrevisse, elle touche pas une bille, hein !

BOUVARD

Vous vous rendez compte, les jeunes qui vous écoutent...

KERSAUSON

Y a pas de jeunes ici !

*

BOUVARD

Que fait la grue quand elle crie ?

KERSAUSON

C'est qu'elle prend son pied, non ?

PHILIPPE CASTELLI

C'est qu'elle est mal graissée.

MARTIN

Elle grugrute... Elle roubiole.

KERSAUSON

Elle tifouille.

MARTIN

Elle merlouse.

YANNE

Elle machule.

MARTIN

Elle confadiule.

YANNE

Elle graniote.

KERSAUSON

Elle crapoute.

MARTIN

Elle tirlouque.

KERSAUSON

Elle tirlipide.

YANNE

Elle crupe.

MARTIN

Elle plasse.

YANNE

Elle trouffe.

MARTIN

Elle chapougne.

YANNE

Elle ronche.

MARTIN

Elle grophe.

YANNE

Elle rabuffe.

MARTIN

Elle regrophe.

YANNE

Elle siglogue.

MARTIN

Elle pitouffle... Elle tritoufle.

YANNE

Elle en fait des choses. Vous savez ce qu'elle fait, la grue, quand elle crie ? Elle fait des efforts. Parce que personne l'écoute, la malheureuse. Et elle s'emmerde. Et elle continue et personne fait attention à elle.

KERSAUSON

C'est vrai.

YANNE

Pauvre grue !

MARTIN

(Chantant, voix de Piaf.)

La grue, seule dans la nuit, au-dessus de l'écluse... La grue qui grince... Arrêtez, arrêtez la musiiiiiqueee...

BOUVARD

Vous en avez connu, des grues, monsieur Yanne ?

YANNE

Ben oui, bien sûr.

BOUVARD

Bon, alors : quand elles vous voyaient arriver, qu'est-ce qu'elles faisaient les grues ?

YANNE

Viens coco !

CASTELLI

Elles se taillaient ?

KERSAUSON

Elles riaient.

MARTIN

Chanson nouvelle, spécialement pour le théâtre de l'Olympia, *La grue qui gueule.*

(Chantant, accent de Montand.)

Dans les usines de cartonnnn...

KERSAUSON

La grue, on s'en fout de la grue. Si, quand une grue...

YANNE

Vous voulez un mot ? C'est pas un mot courant, on peut pas le connaître.

BOUVARD

Si. C'est un mot qu'on emploie dans une tout autre acception.

YANNE

Elle sifflote ? Elle débloque ? Elle verrouille ?

MARTIN

Ça n'a rien à voir avec la culture. Moi, j'ai pas de grues dans mes relations à part quelques chanteuses, mais je ne vais pas dire les noms.

YANNE

Non, elle pinaille.

MARTIN

Non ? La grue pinaille pas. Pourtant, c'est son métier.

BOUVARD

Ce mot indique bien que la grue est sensible, fragile.

YANNE

Elle pleure. Elle sanglote. Elle gémit.

KERSAUSON

Elle brugniole.

YANNE

Elle craque.

BOUVARD

Elle craque ! Excellente réponse de Jean Yanne.

YANNE

Ahaha ! Elle en peut plus, la pauvre grue. Elle est là, elle craque, la pauvre malheureuse. Depuis le temps.

KERSAUSON

Elle craque !

YANNE

Eh oui. La grue craque. Elle fait ce qu'on appelle un *nervous breakdown*.

*

JEAN-MARIE BIGARD

Lui, le petit pingouin, dans sa parade, il est super mignon, il prend un petit caillou dans son bec, hop, il le pose entre les pattes de sa petite femelle et après il la nique. Ça, c'est comme nous, hein. Nous aussi, quand on ramène un beau caillou à la maison, en principe ça met une bonne ambiance. Sauf que la femelle pingouin elle a pas besoin d'un douze carats. Un simple caillou suffit. Le paon, il fait la roue le paon. Alors il lui déballe un fromage d'enfer, toutes les chaînes, Canal satellite, tout ça, la mosaïque. Il tourne du cul, comme ça, tu vois, ça fait bouger les plumes, la femelle ça lui fout le vertige, il la retourne, pan ! D'où son nom. Mais nous, on a un langage articulé. On peut faire nos déclarations d'amour individuellement. Et on peut changer les mots, surtout, Philippe, selon la femelle qui est en face de nous. Si vous vous adressez à une femelle un peu dominante, un petit peu pouet-pouet, comme ça, vous allez prendre soin de lui dire : « Verriez-vous un inconvénient à ce que j'accroche votre fourrure à mon portemanteau », par exemple. Ça, c'est chacun son truc. Moi, je dis : « Laissez-vous pénétrer par l'idée, dans un premier temps. » Si, j'en ai niqué un paquet, avec cette phrase-là. Vous pouvez l'essayer chez vous...

BOUVARD

Ah, quelle belle leçon d'histoire naturelle !

*

YANNE

Je connais pas l'apiculture. Je sais que pour récolter le miel, il faut enfumer les abeilles. Parce que j'avais un copain apiculteur, il était tellement ramier qu'il amenait le papier à cigarettes et le truc, et il disait : « Enfumez-vous vous-mêmes. » Vous savez que les abeilles, c'est laborieux. Y a les petites ouvrières, qui arrivent et puis qui roulent les petits machins... Les petites abeilles, Maya... Alors ? Le spectacle d'une ruche avec la reine qui se tape un pétard, c'est attendrissant.

*

BIGARD

Le cerf, l'animal en rut, ça fait peur, hein. On sent qu'il va pas faire dans la dentelle, ça va être le choc, la collision conjugale, l'étreinte obligatoire. Il pense avec la bite. Et quand on pense avec la bite, on pense pas grand-chose, mais on en est sûr. Ça, c'est le cerf, de la mi-septembre à la fin octobre. Donc s'il en nique pas un maximum dans cette période-là, il peut se la mettre derrière l'oreille pendant le restant de l'année. Il repasse en manuel, après. Il se démerde, et tout... On les a souvent vus se branler en avril, les cerfs. Nous, on n'a pas de période de rut. Nous, c'est toute l'année, n'importe où et n'importe quand. Et heureusement ! Heureusement ! Imaginez deux secondes qu'on soit obligés de tirer tous les coups de l'année sur un seul mois, tous ensemble : j'te dis pas la tension au bureau, hein ! Ou alors faudrait mettre tout le monde en congé de reproduction. On prendrait le mois d'août, par exemple, c'est le mois où on s'accouple le plus. C'est normal, puisque c'est le mois où il y a le plus de viande à l'étalage, et c'est là où on a le plus de temps pour s'en occuper. On pourrait même changer les noms de mois, tu vois. Y avait messidor, thermidor, tout ça, pendant la Révolution. Moi, le mois d'août, je l'appelle coïtor, et le mois de mai, accouchor, parce que tout le monde... Alors on serait deux mois sans aller au boulot, mais je vais te dire un truc ; les dix mois qui restent on serait à fond dans les affaires, plus jamais déconcentrés par le balconnet de la secrétaire ou l'arrière-train de la comptable.

*

BOUVARD

De monsieur Ooghe, de Pont-à-Marc. Quel est le comportement d'un animal aurictère ?

YANNE

Sympathique.

SIM

C'est sexuel, encore, ce truc-là ?

BOUVARD

Non.

YANNE

Mais il est sympathique, l'aurictère. Pourquoi qu'il ferait chier ?

KERSAUSON

Un auricterè, c'est une oreille à pattes. Une énorme oreille...

YANNE

Non. C'est un animal, c'est qu'une seule oreille, mais il est sourd, alors...

SIM

Et ça se mange ?

BOUVARD

Non.

SIM

À quoi il sert, cet animal ?

YANNE

N'importe quel animal se mange.

BOUVARD

Vous mangez pas n'importe quoi...

YANNE

Mais ça dépend si on a faim et tout ! Un mec tout seul, perdu dans le désert, ou dans une île déserte, il voit tout à coup passer un auricterè, s'il a pas bouffé depuis trois jours, j'peux vous dire qu'il le boulotte. Et il le boulotte vite fait.

BOUVARD

Bon, alors si vous voulez, on mange l'auricterè quand on est affamé, mais autrement...

YANNE

Ouais ? Autrement, qu'est-ce qu'on fait ?

SIM

On le caresse ?

YANNE

C'est un animal de compagnie ?

SIM

C'est domestique ?

YANNE

Viens sur mes genoux, mon petit aurictère. Oh, le beau petit lobe qu'il a... Montre un peu le lobe à papa...

SIM

Ça vole ?

BOUVARD

Non. Oh, je sais pas. Y en a peut-être qui volent. Aujourd'hui, vous me désarçonnez, hein.

YANNE

Il sait même pas ce que c'est ! Tu sais ? Il a des questions, il a même pas le dessin. Alors il sait même pas. Il a pas le dessin. Alors on lui montre une limace, il dit : « Oh, ben, c'est un serpent, ou un machin. » Mais là, il sait pas ce que c'est un aurictère.

BOUVARD

Je crois que la limace est précisément un animal aurictère.

YANNE

Aurictère ? L'escargot, tout ça, les bestioles gluantes.

BOUVARD

Non.

KERSAUSON

Même qu'il a les yeux qui lui sortent de la tête.

BOUVARD

Non. Mais je vous demande pas comment c'est. Je vous demande quel est son comportement.

YANNE

Voilà des conneries, vraiment.

SIM

Il est très antipathique.

YANNE

Si moi je vous pose une question, c'est donc, mon cher Philippe, dans un but culturel et je veux répondre et je veux aider les gens, quand même. Je vous demande : « Est-ce que c'est flasque ? » Vous me dites : « Je vous demande pas ça, je demande son comportement. » Si c'est flasque, ça peut pas se comporter comme une grande tige rigide. Si c'est flasque, c'est tout mou. Une méduse, par exemple...

SIM

Ou une tranche de foie de veau...

YANNE

... c'est dur pour mettre le collier, déjà au départ. Ça peut pas avoir le même comportement qu'un teckel.

KERSAUSON

On est rarement mordus par une méduse.

YANNE

Y en a qui disent : « Viens apporter les chaussons à papa, méduse ! » Et la méduse, quand même, elle va chercher les chaussons.

KERSAUSON

Y a un squelette ?

YANNE

Si c'est un crocodile, le crocodile c'est pas gentil, mais on peut faire des sacs, au moins.

SIM

Mais est-ce que tout ce qui est flasque et mou est un aurictère ?

KERSAUSON

C'est dur à visser une poignée sur un aurictère.

YANNE

C'est carré ? On peut le mettre dans une boîte ? Est-ce que ça voyage dans la soute quand on prend l'avion ?

BOUVARD

On ne prend pas l'avion avec un aurictère... Vous n'emmenez pas un aurictère aux Caraïbes.

KERSAUSON

Si on l'aime...

YANNE

Il va nous empêcher d'aimer les animaux ! Je vais téléphoner à Bougrain-Dubourg, ça va pas traîner, moi ! Pour dénoncer les émissions qui ont lieu à seize heures trente et qui incitent les gens à abandonner les aurictères dans la forêt quand on part en vacances ! Après, on dit : « Ouais, les animaux, vous les offrez aux enfants quand ils sont petits, et après quand vous partez en vacances, vous laissez les aurictères, ils sont là, avec un sparadrap sur la gueule, ohohoho..., attachés à un arbre, malheureux, misérables et tout... » C'est pénible d'entendre ça.

BOUVARD

Je vous prie de m'excuser. Je sens que je vous ai choqués.

YANNE

Non, vous ne nous avez pas choqués, mais ça me fait de la peine parce qu'il y a tellement de solitude, tellement de gens qui sont là et qui aimeraient avoir un aurictère chez eux, que même dans les maisons du troisième âge ils vont en distribuer gratuitement maintenant. *(Gong.)*

BOUVARD

Bon. Eh bien, maintenant, vos élans du cœur rapportent 1 000 francs à monsieur Ooghe de Pont-à-Marc et vos applaudissements. L'animal aurictère a pour comportement de creuser la terre afin d'y enfermer ses œufs.

YANNE

Comme la tortue.

BOUVARD

Ouais.

KERSAUSON

Ils enfouissent les œufs dans les oreilles, les gens ?

YANNE

Donc, excusez-moi, une poule peut être aurictère ?

BOUVARD

Oh... Elle enterre ses œufs, la poule ?

YANNE

Elle fait ce qu'elle veut la poule ! C'est pas maintenant qu'il va intervenir sur le comportement des poules ! Et si elle a envie d'enfouir ses œufs ?! Vous allez pas la faire chier ! Déjà qu'on la tue, qu'on la mange, qu'on la fait cuire, on la fait bouillir, on la met aux petits légumes, et maintenant cette pauvre bête, pour une fois qu'elle pond... Déjà que le coq, il nous l'a dit l'autre jour, il la tire même pas, il la frotte seulement ! La pauvre mère ! Elle est à peine frottée, elle pond, elle peut même pas mettre ses œufs où elle veut ! Y a des moments dans la vie, on dit : « Il vaut même mieux être Arlette Laguiller plutôt qu'une volaille ! »

*

KERSAUSON

C'est beau une femelle hippopotame, hein !

YANNE

C'est vrai, c'est beau.

KERSAUSON

C'est beau, c'est sexy. Quand ça bâille, on a l'impression qu'il y a un régiment de chevaux qui pètent. L'odeur, l'odeur !...

YANNE

... de l'hippopotame, le soir au fond des bois... C'est génial. Mais moi, y a un truc que je me suis toujours demandé, c'est pourquoi y a pas des hyperpotames ? La nature est mal faite.

BOUVARD

Non, c'est pas très beau, hein, un hippopotame...

KERSAUSON

C'est pas beau, c'est pas beau...

YANNE

Hé, quand on n'a rien d'autre...

KERSAUSON

Et au moins comme ça se passe dans l'eau jusqu'à la ceinture, personne ne voit rien... On peut remercier Dieu, c'est que tout ça, ça vole pas. Si ça volait, le jour où ça fait une fiente, ça vous noie une 4L, hein ! Tu t'imagines, t'es dans la rue, peinard, chlac ! Sept cent cinquante kilos de merde qui t'arrivent dessus !

YANNE

Surtout si ça vole en troupeau. Alors là... Ça fait disparaître une ville, hein !

KERSAUSON

Notre-Dame de Paris avec des éléphants au-dessus.. Ça, ça serait bien.

YANNE

Moi, je serais Dieu, je m'amuserais à des trucs comme ça. Je dirais : « À partir de demain, alors les cigognes sont au Kenya et puis les éléphants viennent en Alsace. »

KERSAUSON

En volant.

YANNE

En volant. Alors ils se posent, là, à Guebwiller, ouah, boum, ouah... Alors faut changer tout le folklore... *(Chantant.)* Les éléphants sont de retour... Lalalilala...

*

BOUVARD

Celui qui est affecté par le virus Nipa souffre d'affections étranges.

YANNF

Yuiiiiii !

BOUVARD

Oui, c'est ça, c'est ça. La première, c'est qu'il voit des cochons courir autour de son lit.

KERSAUSON

Ouais. Ah, c'est une partouze, hein.

YANNE

Et c est transmis par les cochons ?

BOUVARD

Oui.

YANNE

Donc, c est un truc de cochons.

BOUVARD

En principe, oui.

YANNE

Donc, c est normal que les cochons voient des cochons qui tournent autour d'eux, puisque c'est des cochons.

BOUVARD

Oui.

YANNE

Ils sont dans une porcherie.

BOUVARD

Oui.

YANNE

Donc s'il refile le virus à un être humain, il se prend pour un cochon et il a l'impression d'être dans une porcherie, mais comme il est dans son lit, c'est sa chambre à coucher qui se transforme en porcherie.

BOUVARD

Voilà.

YANNE

Est-ce que ça s'arrête là ?

KERSAUSON

Là où ça devient grave, c'est quand il veut ouvrir une bouteille avec sa queue.

BOUVARD

Ah, elle est grandiose, hein !

*

YANNE

Allez, je retourne aux fourmis. J'ai jamais été déçu par la fourmi.

BOUVARD

C'est vrai que c'est mignon une fourmi.

YANNE

J'en connais qui vivent pendant des années avec des fourmis chez eux : jamais un mot plus haut que l'autre, rien, pas de salade...

SIM

Et une fourmi bien fringuée...

YANNE

Au lieu de dîner avec une fille qui vous emmerde le soir, qui vous fait la gueule ; vous dînez, vous avez votre assiette, et là, votre petit casse-croûte couvert de fourmis... Personne ne dit rien... Prenez votre verre : des fourmis partent en vous...

SIM

Prends du caviar.

YANNE

(Docte.)

Je préfère de beaucoup la fourmi à la mouche. Ah oui ! Je ne m'entends pas bien avec les mouches.

SIM

C'est volage.

YANNE

J'ai passé des nuits entières avec des mouches et j'ai toujours été déçu. La fourmi... *(Accent pied-noir.)* D'abord la fourmi qu'est-ce qu'elle a de bien la fourmi ? La fourmi, elle pique, elle secrète de l'acide formique. *(Voix naturelle.)* Comment ? L'acide formique, c'est un acide que les fourmis font, et ça shoote un peu. Et les douaniers qui sont aveugles ; alors vous passez avec deux kilos de fourmi et ils voient rien.

*

BOUVARD

Pourquoi, jusqu'au début du siècle, les laborantins introduisaient-ils des fourmis dans des tubes contenant de l'urine ?

THIERRY ROLAND

Pour voir s'il y avait de l'albumine ?

BOUVARD

Non, pas de l'albumine.

LAURENCE BOCCOLINI

Du diabète ?

BOUVARD

Du sucre. Exactement.

JEAN-PIERRE COFFE

C'était du très bon boulot, ça, pour les fourmis. Elles étaient demandeuses, à l'époque. Y a un drame, maintenant. C'est que la fourmi, elle trouve plus de sucre. De temps en temps, un type va pisser sur une fourmilière. Vous vous rendez compte, le drame ? Avant, tout le monde pissait dehors. Maintenant, on pisse dans des toilettes : c'est lamentable. On pense pas à l'animal. Moi, je vous assure, je vais encore... Dieu merci, je suis diabétique, mais je suis un des derniers à pisser dehors. Je voudrais que tous les diabétiques de France se retrouvent, et qu'on arrive à acheter un petit espace où il n'y aurait que des fourmilières, et où les fourmis pourraient retrouver le plaisir d'antan, avec les bonnes urines du passé. *(Rire soutenu de Roland.)* Je vois vraiment pas ce qui vous fait rire.

BOCCOLINI

On peut faire quelque chose pour lui ?

COFFE

Essayons de pisser sur Thierry Roland, on va bien voir ce que ça fait !

*

MICHEL DRUCKER

Je devais présenter une séquence hebdomadaire, j'avais cinq minutes pour présenter une séquence, sur un animal un peu original, et on m'a fait présenter ce soir-là la plus vieille chatte de France.

COFFE

Qui c'était ?

DRUCKER

Je vois que tu te fends la pêche. Eh bien, ça a donné ceci : « Madame, venez me montrer votre chatte. » Et j'ai commencé à accumuler tout ce qu'il ne fallait pas faire. J'ai dit : « Puis-je caresser votre chatte ? » Et on dit : « Coupez ! » Et on recommence. Et là, j'entends : « Vieille chatte de France, deuxième. » Et on recommence. Et je veux changer l'attaque, et je dis : « Je vais vous montrer quelque chose d'extraordinaire, vous avez peut-être vu des vieilles chattes, mais comme celle-là, jamais. » Tu peux pas savoir. Là, le rire à répétition. Je me pince au sang pour pouvoir poser la première question, et je dis : « Madame, elle est tout de même très belle, ça doit demander beaucoup d'entretien. » Ça a été l'horreur. On a coupé pour la trentième fois. Et la dame me disait : « Vous savez, il faut la peigner soigneusement, matin, midi et soir, il faut faire très, très attention afin qu'elle ne grossisse pas. C'est une chatte qui a vingt-deux ans. Je m'en suis occupée toute ma vie, disait-elle, je n'ai eu qu'une chatte, celle-là. » Tu ne peux pas savoir ce que ça a été !

*

AMANDA LEAR

J'ai une chatte qui me donne d'énormes satisfactions.

BOUVARD

Oui, y a longtemps qu'on n'en avait pas parlé. La dernière fois, vous m'avez dit : « Elle perd ses poils », et je vous avais dit : « Ne faites plus de vélo. »

MARIANNE JAMES

Et elle fait des trous partout dans ton jardin ?

LEAR

Non, non, ma chatte elle fait pas de trous. Elle ronronne, je dors avec.

BOUVARD

Il vaut mieux dormir avec. Si on en a besoin...

LEAR

C'est un amour !

BOUVARD

Mais qu'elle ronronne, ça surprend pas le visiteur ? Elle est caressante ?

LEAR

Très caressante.

JAMES

Et ta chèvre ?

LEAR

Ma biquette aussi, d'ailleurs.

BOUVARD

Et votre chatte, vous lui donnez du mou ?

LEAR

Elle préfère le dur.

*

BOUVARD

Il s'appelle comment votre chien, Thierry ?

THIERRY LE LURON

Il s'appelle Teddy. C'est un jeune labrador et nous avons trente ans d'écart.

BOUVARD

Est-ce qu'il est apparenté à Jugurtha, le chien de l'Élysée ?

LE LURON

Non. Mais, en revanche, le président Giscard d'Estaing, qui l'a vu, m'a dit : « On va le marier à Olympe », qui est la chienne qu'il a eue de la reine d'Angleterre, ou de sa fille. Il m'a dit : « Mon chauffeur passera le chercher, je vous le ramènerai trois jours après, il aura des poches sous les yeux. »

*

LÉON ZITRONE

Mais vous savez traire les vaches, vous, Olivier ?

KERSAUSON

Mais évidemment ! Moi, je sais traire une vache. Je suis fier de savoir traire une vache.

BOUVARD

En tout cas, un jour à la télé et à la demande de Jacques Martin, Léon et moi, nous n'avons pas réussi à les traire. Pas une goutte de lait n'a perlé. Pas une goutte !

KERSAUSON

Mais elle devait avoir peur. Une vache qui vous voit arriver, vous, Martin et d'autres, elle croit que c'est l'heure de la télé, elle croit pas que c'est l'heure de la traite. Le pauvre animal, il est perturbé. En plus, vous lui tripotez le bout des seins et vous savez pas comment faire. Elle a mal. C'est sensible un pis de vache. C'est comme un sein de femme, sauf que ça donne plus. La pauvre bête ! Dans ces cas-là, elles retiennent leur lait, elles sont crispées.

ZITRONE

Il aurait dû venir avec nous. Il aurait tiré du lait.

KERSAUSON

Oh sûrement, ouais. On aurait tiré du lait. Et puis, je lui aurais pas fait peur. Vous êtes arrivés là en vous moquant d'elle, et puis quand elle a vu Bouvard...

ZITRONE

Mais je ne me moque jamais des vaches !

KERSAUSON

... elle a cru que c'était son môme qui revenait avec un costume.

*

BOUVARD

Que font les chasseurs de baleine après la mort du cétacé ?

SIM

Ils arrêtent ; ça va comme ça.

YANNE

À la mort du cétacé ? Ça dépend du bateau, mais si c'est seulement un type avec sa famille, son fils, son oncle, c'est tout, bon, quoi. Il la remonte, il la coupe, ils font des conserves. Ils mettent un peu d'huile de côté.

BOUVARD

Avant même de penser à faire des conserves, que font-ils ?

YANNE

Pour pas qu'elle coule ? Ils envoient une balle gonflante...

BOUVARD

Ils gonflent la baleine. Bonne réponse de Jean Yanne !

YANNE

Évidemment. En réalité, le mec qui a inventé ça, c'est, comment il s'appelle ?... Montgolfier, qui a été le premier à chasser la baleine, qui dit : « Tiens, je vais la gonfler pour pas qu'elle coule, pouf, elle s'envole. » Il se cramponne après, le v'là pendu à la baleine, juste après la queue. Pilâtre du Rosier qui passait par là, dit : « C'est pas con comme système, mais tu devrais mettre une nacelle parce que tu vas fatiguer. » Alors ils ont attendu qu'il redescende, ils ont mis un panier de blanchisseuse, et après... C'est pas moi qui vais vous raconter l'histoire du plus léger que l'air, hein.

Chapitre 7

Les Grosses Têtes s'assoient sur le culte

Michel Galabru

Adam a tout de suite senti que c'était dégueulasse ce qu'il avait fait. Parce que, on a beau dire, c'est saugrenu d'aller planter ce truc dans ce machin. La femme, la première pomme, le premier serpent... Enfin, les trucs premiers, quoi. C'est terrible. C'est une chose insensée, cette histoire de paradis terrestre. Parce que Dieu est tout-puissant, Dieu voit tout, Dieu sait tout, il a tout créé, donc il savait que l'autre allait bouffer la pomme, il a donc créé la pomme, il a créé le désir de bouffer la pomme, et après il le chasse. C'est lamentable ! C'est lamentable ! C'est pour ça que j'ai été vidé, moi, d'un collège religieux à Paris. J'avais posé la question, à l'instruction religieuse, et j'ai dit, ce qui m'a paru très, très subtil : « Quand j'ai une banane et que je veux pas qu'on me la bouffe, je la mets pas sur table. »

*

Olivier de Kersauson

Le paradis ? C'est un endroit où je vous verrais tous les jours. C'est un endroit où on vivrait béatement. Y aurait des fourrés, avec plein de salopes dedans. On passerait nos journées à les tirer, avec des oiseaux qui chantent au-dessus de nous, et puis après on irait faire du bateau, et puis on reviendrait pour se tirer, et puis on retournerait faire du bateau, et puis on emmènerait en bateau des salopes pour tirer, et puis on repartirait, et puis on retirerait un peu des salopes au large, et puis au port, avant d'arriver au port, et puis sur le port, et puis devant le port, derrière le port, sous le port, avec le capitaine du port, les autres du port, et puis on jetterait nos filets à l'eau, on ramasserait des salopes, qu'on tirerait... Et puis après on les remettrait à terre et là on se tirerait encore plus fort, et on les retirerait l'après-midi parce que le matin on était déjà occupés avec d'autres salopes qu'on avait récupérées la veille sur un autre banc. Voilà. On serait tous morutiers avec des gros bateaux pleins de salopes et on serait contents tout le temps. Et, de temps en temps, pour se distraire, on regarderait la 5, qui nous montrerait la pêche à la salope, la récupération de la salope, comment grimper la salope, avec des recettes, comme les chefs ils savent en faire. Là, ils nous montreraient: « Aujourd'hui, on va vous expliquer la brouette japonaise, la grimpette chat sauvage, le pitonnage à trois, la sorcière en partouze. » Et on passerait notre temps à ça. Et, de temps en temps, comme on en aurait marre, on irait acheter des bouquins de cul.

*

JEAN YANNE

Le Juif errant habite rue d'Aboukir, il a une boutique... Non, non, c'est vrai. Schmatesse, il s'appelle, je crois, Isaac Schmatesse. Jusqu'à la fin de tes jours tu seras obligé d'être dans la confection... D'ailleurs, vous savez qu'à une certaine époque, tout de suite après Jésus, Y avait des spécialistes pour la confession, et quand on arrivait on disait: « Mon père, je voudrais me confesser », le mec disait: « Confession pour hommes ou confession pour dames ? »

*

PÈRE GUY GILBERT

Quand un jeune me dit: « Je vais tirer ma gonzesse », avant de lui parler de chasteté, etc., je lui glisse des préser vatifs pour pas donner la mort ou pas la recevoir. Nous sommes des vétérinaires si on donne des capotes à tout-va. Nous sommes des médecins du cœur et du corps si on leur donne des capotes et si on leur parle vraiment de la sexualité... Je vais en chercher une trentaine par mois, ce qui fait que le pharmacien me dit: « Vous êtes une bombe sexuelle, monsieur l'abbé. »

*

YANNE

Mes bien chers frères. J'étais venu ici dans l'intention de vous lire une lettre de saint Paul adressée aux Corinthiens. Mais le temps me faisant défaut, je ne pourrais pas vous lire toute la lettre adressée par saint Paul aux Corinthiens, et je me contenterai de vous lire la fin de la lettre de saint Paul aux Corinthiens: « Veuillez agréer, chers Corinthiens, l'expression de mes considérations distinguées. »

*

PHILIPPE BOUVARD

Et si vous nous faisiez visiter une basilique, une petite basilique ?

YANNE

On est mal barrés, coco, là... *(Orgue, fort.)*

KERSAUSON

(Voix de Léon Zitrone.)

« En compagnie de la merveilleuse musique religieuse, que jouait dès 1930 le révérend Yanne, nous allons ensemble parcourir l'intérieur de cette église dont le chapiteau date du XIe siècle. Étonnantes formes romanes qui viennent, envolées vers le ciel comme des bras tendus désespérément, implorant un Christ romain d'apporter sur la Terre la rémission des péchés à tant de gens qui ont souffert. Mais, si cet ensemble peut paraître rustique au demeurant, on devrait ensuite se pencher sur un statuaire du XIIIe siècle de très grande qualité. Saint Jean de Compostelle, à votre gauche, portant lui-même une musette et son transistor, tandis que sainte Thérèse d'Avila, de l'autre côté, est en train d'essuyer ses patins à roulettes sur le dos d'un mouton.

*

BOUVARD

Une question de madame Poulet, de Monthureux-sur-Saône.

KERSAUSON, YANNE

Cotcotcot...

BOUVARD

Bon, cette dame doit déjà être assez embêtée de s'appeler...

KERSAUSON

D'avoir un fils tout chauve.

BOUVARD

C'est facile, hein.

FRANCIS PERRIN

C'est son fils qui a une tête d'œuf.

BOUVARD

Bon, madame Poulet vous demande par qui le Coran fut-il transmis à Mahomet ?

KERSAUSON

Par Marcel Liebig.

BOUVARD

Pourquoi Marcel Liebig ?

KERSAUSON

À cause de madame Poulet.

PERRIN

Mais non : le courant est transmis par le...

BOUVARD

Pas le courant : le Coran.

PERRIN

Mais articulez !

AMANDA LEAR

Je croyais que le Coran était une révélation, que Mahomet avait eue, comme ça.

BOUVARD

Non, non.

KERSAUSON

Il a été livré par porteur spécial. Il a entendu un bruit de mobylette, il s'est retourné. L'autre con, il a tiré un coup de frein sous sa djellaba, il a dit : « Tiens, le Coran ! » Et après il est reparti. Alors l'autre s'est retrouvé avec le machin sur les bras, il a commencé à le lire, il s'est pas tellement marré, d'ailleurs, et il a invité tout le monde à le lire, après.

PERRIN

C'est descendu du ciel ?

BOUVARD

C'est descendu du ciel, mais y a quelqu'un qui...

PERRIN

En parachute ? L'ange Gabriel ?

BOUVARD

L'ange Gabriel !

YANNE

Celui-là, il faisait tous les trucs, hein ! Toutes les courses...

PERRIN

Il était coursier...

BOUVARD

Il était débordé, il arrêtait pas.

PERRIN

C'est le même mec qui a livré tous ces types-là...

YANNE

Heureusement qu'il s'est pas trompé. Vous voyez pas qu'il annonce un enfant à Mahomet, qu'il donne le Coran à Marie... Quel merdier, là-haut ! Alors il arrive, il dit : « Je vous salue, pleine de grâces... » *(Accent arabe.)* « Qu'est-ce que c'est ? Tu me dis ça, et tout... Tu me prends pour une gonzesse... »

BOUVARD

Et peut-être qu'il a apporté aussi les Tables de la Loi à Moïse ..

YANNE

Oui.

BOUVARD

Le Coran, vous connaissez, monsieur Yanne ?

YANNE

Le Coran ? Oui, très bien.

BOUVARD

Vous pourriez citer une sourate ?

YANNE

Non, non. Je connais la hadimimiche, des trucs comme ça, mais c'est pas du tout, du tout dans le Coran, alors...

BOUVARD

C'est où ?

YANNE

C'est plutôt sur les chantiers... Mais pas du tout, du tout, du tout...

BOUVARD

Qu'est-ce que ça veut dire ?

YANNE

Ben, écoutez, j'peux pas vous dire ça... Mais enfin, de toute façon, faut pas vous gourer : dès que vous arriverez en Afrique du Nord et que vous ferez quelque chose qui ne leur plaît pas, ils vous le diront. Alors... Quelque chose comme par exemple pratiquer un coït furtif, assez rapidement, et d'une façon involontaire, avec quelqu'un qui appartient au même sexe que toi, par exemple. C'est à peu près ça. Mais c'est plus direct.

PERRIN

Oh, y a pas ça dans le Coran...

BOUVARD

Y a des préceptes pleins de soucis hygiéniques dans le Coran. C'est comme chez Khomeyni. Chez Khomeyni, on n'a pas le droit de faire pipi contre le vent.

YANNE

C'est mieux, parce que sans ça, on s'en fout plein le pantalon, alors... Ça, c'est pas le Coran, hein. Moi, je le fais jamais dans le vent, et j'ai pas besoin de lire le Coran pour ça.

BOUVARD

Comment vous faites quand vous êtes sur votre bateau ?

YANNE

Ben, il se met à l'arrière, c'est pareil, il va pas se mettre à l'avant.

LEAR

Et s'il y a un vent arrière, je pense qu'il va pas faire ça.

KERSAUSON

Comment je fais ? Ben, je sors mon ustensile, ma petite dame.

LEAR

Mais je vous ai rien demande

KERSAUSON

Je le laisse descendre jusque dans l'eau et là il se débrouille... Vous me regardez comme si j'étais un anormal.

LEAR

Mais sûrement pas.

PERRIN

C'est comme ça que tu pêches.

LEAR

C'est monsieur Bouvard qui vous a demandé des explications, c'est pas moi.

KERSAUSON

D'ailleurs, si vous vouliez bien retirer votre pied...

YANNE

Et quand il la remonte, si elle a pas d'écailles, c'est qu'elle est pas casher.

BOUVARD

Bon, ben, vous êtes renseignée...

LEAR

Mais c'est pas moi qui ai demandé, c'est vous.

BOUVARD

Mais non, mais non.

LEAR

Mais absolument pas !

BOUVARD

Vous avez pris une responsabilité, hein ?

LEAR

Mais j'ai rien dit, c'est vous.

BOUVARD

Ben si, vous lui avez demandé comment il faisait quand il était sur son bateau.

LEAR

Mais pas du tout, pas du tout ! C'est pas moi qui ai...

BOUVARD

J'ai lu cette interrogation dans votre regard parce que je vous connais bien, et je l'ai traduite, c'est tout.

LEAR

Ah non ! Ah non !

KERSAUSON

Moi, je vous ai regardée dans les yeux à ce moment-là, vous avez prononcé la question dans toutes les langues.

*

BOUVARD

Selon des Évangiles, Jésus n'a pleuré que trois fois.

SIM

Ouais. Une fois quand il est tombé.

KERSAUSON

Une fois quand Lens a perdu contre Monaco. Une autre fois quand on lui a volé son scooter. Et une troisième fois *because* il avait été recalé au permis moto.

BOUVARD

Non, soyons sérieux ! Y a des gens...

KERSAUSON

Mais c'est sérieux de pleurer pour le permis moto !...

BOUVARD

Pensez à ceux qui ont la foi et qui vous écoutent, avec stupeur...

KERSAUSON

J'ai la foi.

BOUVARD

... avec tristesse.

KERSAUSON

Ben... Ils ont qu'à pas m'écouter.

SIM

C'est quand Judas l'a trahi...

BOUVARD

Le vendredi saint.

KERSAUSON

Quand il a perdu au loto. Il avait mis toutes ses écono-croques sur le 18, le 22, le 47...

BOUVARD

Non.

SIM

Il a dit : « Pourquoi mon père m'avez-vous abandonné ? »

BOUVARD

Oui. Alors, il a pleuré une fois sur la Croix quand il a vu que vraiment ça s'arrangeait pas

SIM

Le vendredi saint, quand Judas l'a trahi, non ?

BOUVARD

Non.

KERSAUSON

Il a pleuré quand il a chassé les marchands du Temple.

SIM

Quand on a lapidé Marie Madeleine ?

BOUVARD

Non. On l'a pas lapidée, Marie Madeleine.

SIM

Ah non, non, non, non.

KERSAUSON

Y a une faute d'orthographe.

BOUVARD

La vie de Jésus, vue d'ici, c'est quelque chose, hein ! Oh, lala !

*

BOUVARD

Si Dieu a fait l'homme à son image, quand on voit bien, on se demande à quoi il ressemble, le bon Dieu. C'est un petit chauve avec des lunettes ?

*

KERSAUSON

Nous sommes à Jérusalem. Lorsque Marie remonte dans l'autobus, elle n'a pas de ticket. Elle redescend. Elle dit : « Joseph, on va prendre la Vespa, il faut que j'accouche immédiatement. » Joseph est paniqué. Il lui dit : « Chérie, je ne sais pas si j'ai un bon mélange ; j'ai dû mettre du 3 % au lieu du 4 %. Ça m'étonnerait qu'on puisse dépasser Bethléem. » À ce moment-là, Marie, qui est une femme courageuse et qui en veut, dit : « Adieu vat ! », et elle y va. Les Rois mages, qui avaient une grosse voiture, assistaient d'en face à la saynète, tandis que l'autobus redémarre, pétaradant dans un Jérusalem très encombré déjà pour l'époque.

*

BOUVARD

Quelles sont les trois choses que doit faire le camerlingue lorsque le pape est mort ?

YANNE

Un truc horrible. Il lui colle pas un coup de maillet pour voir s'il est pas mouru ?

BOUVARD

Il le frappe trois fois avec un marteau d'argent.

YANNE

Donc, il l'achève, il l'achève. À coups de massue.

JEAN-JACQUES PÉRONI

On n'est jamais trop prudent. Vlan !

BOUVARD

Mais non ! Il est simplement question de s'assurer de la réalité du décès.

PÉRONI

Y a un marteau spécial en argent qui existe que pour ça ?

BOUVARD

Ben oui.

YANNE

Le pape, il est là… Et vlan ! Comme les trucs, vous savez, le mec, il tape comme à la fête foraine…

PÉRONI

Pour voir si les boules remontent…

BOUVARD

Vous voyez : je crois que j'aurais pas dû vous poser cette question. Son premier soin, c'est de… ?

KERSAUSON

Aérer.

BOUVARD

Mais non !

YANNE

Il lui fait pas du bouche à bouche quand même ?! Pour voir s'il est bien mouru.

BOUVARD

Le camerlingue est quelqu'un de méthodique, de prudent.

PÉRONI

L'anneau : il lui enlève l'anneau.

BOUVARD

Non, non.

YANNE

Il lui retire tous les trucs : le pognon...

BOUVARD

Il s'assure que...

JACQUES MAILHOT

Y a plus d'argent sous le matelas...

BOUVARD

Non ! Il s'assure que...

PÉRONI

Que c'est bien le pape.

BOUVARD

Mais oui, voilà ! Il est méfiant !

PÉRONI

(Voix efféminée.)

C'est bien toi Karol ?

BOUVARD

Et apres, donc, les trois coups de marteau...

MAILHOT

Il enlève son anneau, ou sa tiare...

BOUVARD

Alors, il lui enlève l'anneau papal, l'anneau de saint Pierre...

YANNE

C'est toujours le même et ça va à tout le monde ?

BOUVARD

Non. Qu'est-ce qu'il fait avec l'anneau de saint Pierre ?

PÉRONI

Il le détruit ?

PERRIN

Il le casse.

BOUVARD

Il le casse.

YANNE

Avec le marteau. Des fois, il l'enlève même pas : il tape un coup de marteau sur la main.

BOUVARD

C'est vrai, hein...

MAILHOT

Moi, je croyais que c'est Danièle Gilbert qui récupérait les vieux anneaux...

PATRICK SÉBASTIEN

Non, mais tu vois la scène, quand même : Le mec qui rentre, salut, c'est le pape, tiens, prends, bing, tiens, bing la bague...

BOUVARD

C'est une bonne réponse qui est impeccable sur le plan de l'exactitude culturelle. Sur le plan de la religiosité, j'en dirais pas autant. Et elle est collégiale masculine.

*

BOUVARD

Quand dit-on que le pape expectore ?

YANNE

Quand il envoie un gros glaviot...

BOUVARD

Oh non, oh non, monsieur Yanne !

YANNE

Mais si ! Ben quoi. Il arrive avec sa croix, sa mitre et tout, et vlan... Il balance une portugaise sur l'enfant de chœur, hein.

BOUVARD

Il expectore, généralement, après avoir prix une décision *in peto*.

YANNE

Il nous dit que ça va choquer les catholiques, et maintenant il nous raconte que le mec arrive, il pète, il crache... Au cours d'une cérémonie, quand il arrive. Il se découvre, il dit : « Tiens, prends ta mitre à deux mains mon cousin », il la donne au diacre et puis après il fait ce qu'il veut, il expectore...

MAILHOT

Il bénit quelqu'un ?

BOUVARD

Non. Il ne bénit pas quelqu'un.

YANNE

Il nomme quelqu'un. Il nomme quelqu'un cardinal.

BOUVARD

Exactement ! Il annonce la nomination d'un cardinal. Bonne réponse de Jean Yanne.

YANNE

Alors le mec il dit : « Ah ben, je suis content, le pape il a craché ma nomination... »

BOUVARD

Comme quoi, derrière le sacrilège...

YANNE

Non, l'apparence du sacrilège. Y a le vieux fond religieux. J'adore l'Église. Ah ! lala, j'aime ça, vous pouvez pas savoir. J'aime bien les hosties, en plus. Un peu fade, mais c'est bon. Mais l'hostie est meilleure avec du tarama. Et je déplore qu'on ne communie pas avec des blinis, mais enfin, bon...

*

MACHA MÉRIL

T'as été reçue par le pape, toi, Amanda ?

Bouvard

Avec un tableau qui était son portrait.

Lear

Il n'a pas voulu me recevoir. Je voulais faire une photo de lui avec moi et le tableau.

Méril

Il a pas voulu ?

Lear

Il a cru que je voulais me faire de la pub.

Bouvard

Oh ! Ben, c'est pas votre genre ! Son entourage a refusé quand il a vu le portrait que vous en avez fait, ou avant ?

Lear

C'était un portrait... Enfin, évidemment, un portrait inhabituel, hein.

Bouvard

Il était tout nu, je crois.

Lear

Il était dans l'eau. Parce qu'il n'y avait que la tête qui dépassait : ça m'évitait de peindre tous les plis de la robe, c'était trop compliqué à faire. Y avait juste la tête qui dépassait, comme ça. Et ils ont dit : « Non, Amanda Lear, ça sent le soufre. » Je crois qu'ils l'ont mis dans les caves.

Bouvard

Ah, parce qu'ils l'ont gardé ? !

LEAR

Ah ben, oui, quand même, ils l'ont pris. Ah ben, je partais plus, hein. J'ai dit : « Si vous prenez pas le tableau, je m'en vais plus. »

MÉRIL

Tu leur as donné ?

LEAR

Oui.

MÉRIL

Et ils l'ont mis dans leur musée...

LEAR

Non. Je crois qu'ils l'ont foutu...

MÉRIL

Dans leur musée porno ?

BOUVARD

Pas dans la Sixtine, j'ai l'impression.

LEAR

Il n'est pas très bien mis en valeur.

BOUVARD

Mais vous étiez arrivée jusqu'à qui ? Un cardinal ?

LEAR

Un cardinal, tout à fait, qui s'occupait des personnalités qui voulaient serrer la pince papale, et ça se passe le mercredi et tout ça, et ils vous placent au premier rang.

Forcément, quand le pape passe devant les gens à qui il va serrer la main, il faut qu'ils soient au premier rang. En plus il faut être habillé comme il faut, il faut avoir une mantille, il faut avoir l'air correct, quoi. Mais ça n'a pas marché, voilà.

BOUVARD

Mais le cardinal a été gentil...

LEAR

Il a été gentil, il m'a dit: « On ne veut pas de ça ici. Voilà. »

BOUVARD

C'est catégorique, au moins.

LEAR

J'ai passé une période où je faisais des portraits de personnalités. J'adorais faire les portraits des gens. J'avais fait le portrait d'Alain Delon...

BOUVARD

Il l'a accepté, lui ?

LEAR

Ah oui, oui, il l'a chez lui.

BOUVARD

Qui avez-vous fait, en dehors de Delon ?

LEAR

Plastic Bertrand.

SIM

Fallait pas le dire au cardinal...

*

BOUVARD

Question religieuse, enfin si vous êtes familiers des textes saints.

YANNE

Bien sûr.

BOUVARD

Je crois que vous êtes familier des textes saints, mon révérend Yanne.

YANNE

Ben, je suis familier de tout ce qui veut bien m'accorder ses faveurs.

BOUVARD

Alors, ça, c'est une question de madame Châtelet de Montargis.

YANNE

Ouais, allons-y. Je vous attends de pied ferme.

BOUVARD

Quel nom est donné soixante-dix-sept fois au Christ dans le Nouveau Testament ?

YANNE

Jojo. *(Hilarité générale.)* Ben, je sais pas quoi : le fils de l'Homme ?

BOUVARD

Le fils de l'Homme ! Bonne réponse de Jean Yanne ! C'est l'idéal pour Les Grosses Têtes : la pirouette comique et puis, après, la réponse culturelle.

*

BOUVARD

Question de protocole et de religion proposée par monsieur Leroy, de Guernesey.

KERSAUSON

Ça va relever le niveau.

BOUVARD

Si vous écrivez au pape, hypothèse de travail...

YANNE

Cher Popol...

BOUVARD

Non. Par quelle formule vocative devez-vous commencer votre missive ?

SIM

Sa Majesté.

KERSAUSON, YANNE

Mais non.

YANNE

Très Saint-Père.

BOUVARD

Exactement.

YANNE

Très Saint-Père chéri...

BOUVARD

Non : Très Saint-Père.

YANNE

Très Saint-Père chéri adoré...

BOUVARD

Mais non !

YANNE

Mais si je l'aime bien, moi, je peux quand même rajouter un truc. Dès l'instant que je commence par Très Saint-Père.

BOUVARD

Je ne suis pas sûr que dans ces conditions votre lettre lui parviendra.

YANNE

Très Saint-Père, je prends la plume pour vous écrire ce petit mot.

BOUVARD

Si on veut...

YANNE

Je suis un touriste français, j'arrive à Rome le 22, je suis torpilleur à la Marine nationale... Pour qu'il sache à qui il a affaire, quoi : je lui dis plein de trucs...

BOUVARD

Le *Manuel du protocole* auquel se réfère monsieur Leroy, de Guernesey, conseille, après le Très Saint-Père, d'employer la formule : Humblement prosterné aux pieds de Votre Sainteté...

YANNE

Humblement prosterné aux pieds de Votre Sainteté pour que vous puissiez mettre vos pieds sur mon dos que c'est le paradis de la femme, comme qu'il disait Mahomet... Et l'autre, avec ses petits chaussons...

BOUVARD

Ses mules, ses mules !

YANNE

... avec ses petites mules, il vous fait un petit massage de dos, c'est pas désagréable.

KERSAUSON

Par terre...

YANNE

Et recevez, Très Cher Saint-Père...

KERSAUSON

Un gros bisou mouillé...

BOUVARD

Humblement prosterné aux pieds de Votre Sainteté et implorant la faveur de la bénédiction apostolique. Voilà. Et après vous formulez votre requête.

KERSAUSON

Ah, c'est un peu snob comme truc ; ça manque de simplicité.

BOUVARD

C'est vrai que c'est un peu ampoulé.

YANNE

Quand les gens écrivent, c'est pour proposer quelque chose : Je suis représentant... Si le type, il est VRP : « Je suis représentant en micro-ondes, et j'aimerais vous offrir un de nos derniers modèles pour réchauffer votre café le matin. »

BOUVARD

C'est pas une proposition infamante, hein.

YANNE

Non. Mais simplement au lieu de dire : « Nous vous joignons le courrier avec notre modèle », il faut quand même commencer par : « Très Saint-Père humblement prosterné aux pieds de Votre Majesté... »

BOUVARD

Sainteté.

YANNE

« ... de Votre Sainteté et à quatre pattes, et machin, et je vous propose mon micro-ondes. » Ce qui est quand même...

BOUVARD

C'est le représentant de Dieu sur Terre, hein : c'est pas n'importe qui...

YANNE

C'est vrai, ça. Et quand on écrit à Dieu, alors, qu'est-ce qu'on dit ?

BOUVARD

D'abord, faut trouver la poste qui...

YANNE

C'est beaucoup plus simple que ça, quand même.

KERSAUSON

Vous lui écrivez une carte postale, vous êtes en vacances : tiens, je vais envoyer une carte au pape, ça lui fera plaisir. Alors : « Très Saint-Père, je me prosterne... » Y a plus la place. Y a plus la place de mettre une croix sur le truc... C'est lamentable !

YANNE

Et quand il répond, lui, comment qu'il nous appelle ?

BOUVARD

Mon fils.

YANNE

C'est tout ? Il pourrait dire : « Mon bien cher fils » quand même ! Merde, alors !

BOUVARD

Mon très cher fils

Kersauson
(Imitant Jean-Paul II.)
Mon bien cher frère, je me prosterne à tes pieds...

Bouvard
Ah non, il dit pas mon frère !

Yanne
Il dit pas : « Mes bien chers frères » quand il est à la fenêtre ?

Kersauson
Oui, mais ça, c'est quand il est à la fenêtre.

Yanne
(Imitant Jean-Paul II.)
En anglais : *Brothers...*

Bouvard
Oui, enfin nous sommes tous ses enfants, c'est un vieux monsieur.

Kersauson
On peut pas être ses enfants, il a pas le droit de...

Yanne
Bonne et heureuse année en quatre-vingt-deux langues.

Kersauson
Ça fait vingt ans qu'il a ce boulot-là.

Yanne
Mais c'est dur, parce qu'il a personne avec qui causer boulot.

KERSAUSON

Il a pas de collègues, c'est vrai.

BOUVARD

Comme dit José Artur : « C'est quand même un des rares Polonais qui ait trouvé du boulot en Italie... »

*

BOUVARD

Question de monsieur Victor. Lorsque le Christ eut ressuscité, les apôtres le prirent pour un esprit. Que fit-il pour les persuader qu'il était présent devant eux en chair et en os ?

YANNE

Il a fait la bouffe. C'est la communion. Il leur a donné du pain, du vin et du Boursin.

BOUVARD

Non, mais lui-même, qu'est-ce qu'il a fait pour qu'ils s'aperçoivent qu'il était vraiment...

YANNE

Il a mangé.

BOUVARD

Il a mangé quoi ?

YANNE

Il a commencé par quelques hors-d'œuvre...

KERSAUSON

Des radis beurre

YANNE

Il a mangé un petit peu de pâté, de terrine, avec des cornichons, il aimait bien ça.

KERSAUSON

De la langue de porc en gelée.

YANNE

Après il a mangé un dos d'agneau flageolets, des tarbais...

KERSAUSON

Ça lui a donné mal au ventre.

YANNE

Un peu de fromage, dessert, café, pousse-café...

KERSAUSON

Un petit cigare.

BOUVARD

Et le livre d'or, c'était bien le moins.

YANNE

C'est là que Judas a dit : « Aubergiste, les additions séparées. »

BOUVARD

Non. En fait, ils avaient préparé, les apôtres, mais sans savoir que Jésus reviendrait, un repas à base de...

MÉRIL

Barbecue ?

YANNE

À base de quoi ?

BOUVARD

À base de...

KERSAUSON

De riz ?

BOUVARD

Non.

KERSAUSON

Dans des bols cassés.

YANNE

À base de couscous.

BOUVARD

Mais non !

YANNE

Bon. De truites...

KERSAUSON

De carpes.

YANNE

De trucs casher...

BOUVARD

Il y avait des poissons accommodés à la mode locale, et Jésus...

MÉRIL

C'était quoi la mode locale ?

YANNE

La mode locale, c'est un peu d'épices, mais pas trop, avec juste un filet de citron.

BOUVARD

C'est très bon...

KERSAUSON

En Israël, je vous recommande la carpe quand il fait 40 °C !

YANNE

C'est excellent, parce que ça, c'est quand même un plat de Pologne, vous voyez

BOUVARD

Et il y a les arêtes, aussi.

YANNE

C'est quand même fait pour être bouffé quand il fait -12 °C, et là il fait 35 °C, et les mecs ils vous donnent ça à bouffer. Ça, c'est vraiment bien !

BOUVARD

Bref, il a mangé un poisson, et tous les apôtres se sont dit : « Eh bien, le Christ est vraiment revenu. »

YANNE

Il avait dit : « J'ai pas l'jus dans vos poissons mais l'jus de vos arêtes... De Nazareth. »

BOUVARD

C'était une bonne réponse, mais un commentaire douteux, de Jean Yanne !

Chapitre 8

Les Grosses Têtes ne pardonnent pas à la télévision de proposer des images

MICHEL DRUCKER

Zitrone était dans la voiture du directeur du Tour de France avec Carlos. C'est dire si dans les montées la voiture avait du mal... D'autant que c'était l'étape Saint-Étienne-l'Alpe-d'Huez. Ce qu'il y a de gênant quand il y a des personnages connus dans une voiture, c'est qu'ils éclipsent complètement les coureurs. La voiture monte doucement, il y avait des milliers et des milliers de spectateurs, et, avec Carlos, on était assis dans la voiture, discrets, avec Bernard Giroux, jeune commentateur de TF1, qui était l'assistant de Léon. Et Léon ouvre le toit, comme par hasard, et les yeux mi-clos, profitant du soleil, il se laisse bercer par les : « C'est Zitrone, c'est Zitrone, t'as vu, c'est Zitrone... » Le pauvre Bernard Hinault était vraiment au second plan. Et dans un virage on entend : « T'as vu ? C'est Bernard Giroux ! » Zitrone se rassoit et dit à son assistant : « Vous avez de la famille, dans le coin ? »

*

DRUCKER

Avec Léon, c'était permanent. L'autre jour dans la rue, Zitrone dit à une dame qui le regardait vaguement :

« Madame, je vous interdis de me reconnaître !! » Et la dame lui dit : « À qui ai-je l'honneur ? »

*

PHILIPPE BOUVARD

Imaginez, Léon, que Sim et Bardot soient couchés, vous êtes derrière le lit, sur un petit podium, pour ne rien perdre du spectacle, et on vous donne l'antenne.

LÉON ZITRONE

Mesdames et messieurs, bonsoir. Devant vous, sur l'écran, en gros plan, un crâne. S'agit-il du crâne d'un homme, auquel cas cela pourrait être Sim, par exemple ? Brigitte à ma gauche, c'est-à-dire à la droite de l'écran, Sim à la droite, c'est-à-dire à la gauche de l'écran, les caméras étant de l'autre côté du lit par rapport à moi. Qu'ont-ils fait, que font-ils, que vont-ils faire ? Voilà les trois questions auxquelles il faudra que nous répondions. Eh bien, ils se reposent, et ils écoutent les bêtises de Philippe Bouvard et de ses invités. Que vont-ils faire ? Eh bien, dès qu'ils auront pris suffisamment de temps pour écouter Bouvard, ils reprendront, car ainsi va la vie. Ici le lit de Brigitte Bardot, à vous..

JEAN-JACQUES PÉRONI

Ici, Guy Darbois. Nous avons déjà des questions de téléspectateurs qui nous arrivent de partout et qui voudraient bien savoir... Vous entendez ? Ici, Guy Darbois, on voudrait savoir exactement la position de Sim par rapport à Brigitte Bardot.

ZITRONE

Eh bien, il est dans le creux de son genou et il y tient tout entier.

PÉRONI

Très bien. Une question brûlante : Est-ce que Bardot veut un enfant de Sim ?

ZITRONE

Bardot voulait un enfant de Sim, mais Sim s'étant dédit au tout dernier moment, il faudra qu'ils recommencent s'ils en veulent un.

PÉRONI

Et nous avons un couple d'homosexuels, ici, qui demande si Sim lui reviendra.

ZITRONE

Sim ?

PÉRONI

Oui.

ZITRONE

Sim lui reviendra. Je peux même leur dire qu'il lui reviendra très cher.

*

ROBERT HOSSEIN

On m'a une fois proposé de faire une publicité à la télé. On m'avait dit simplement : « Vous ne dites pas un mot, vous êtes habillé en Peyrac, de *La Marquise des Anges*, avec la cicatrice, vous ne dites rien et vous touchez tant. » Alors j'ai dit : « Bon, c'est intéressant, mais de quoi il s'agit ? – Presque rien. Une voix off dit seulement : Regardez-le bien. S'il avait connu nos lames de rasoir, il n'aurait pas cette horrible cicatrice. »

*

JEAN YANNE

L'autre jour, je suis rentré. Y avait un porno, je l'ai mis. Le bonhomme a commencé à sauter sur la bonne femme. J'ai descendu le chien. J'ai fait le tour du pâté de maisons, je suis revenu.

THIERRY ROLAND

Il y était encore.

YANNE

... il y était encore ! Le même mec dans la même position ! J'ai retiré la laisse, je l'ai accrochée, j'ai remis les clefs, j'ai retiré mon pardessus... Ils continuaient...

L'autre jour, j'ai vu une émission, je ne sais pas comment elle s'appelle, mais c'est assez rigolo. C'est les bonnes femmes qui appellent pour exorciser leurs fantasmes. Et il y a un mec qui les interroge. Il dit : « Qu'est-ce qui te plairait ? – Moi, j'aimerais bien faire l'amour avec la 6e demi-brigade d'infanterie coloniale. – Bon, alors on va le faire. » Et il y a onze mecs qui viennent... Et après, quand c'est fini : « Alors, ça t'a plu ? » Elle dit : « Ah oui, alors !... – Ah bon, et qu'est-ce qui t'a le mieux plu ? – Ce qui m'a le mieux plu, c'est que ma mère va regarder ! »

*

BOUVARD

La surenchère des chaînes de télévision qui avancent de plus en plus leur journal de 20 heures vous inquiète-t-elle ?

YANNE

Oui. J'ai dit que si on avance le journal d'un quart d'heure, on va bientôt connaître les nouvelles de la veille...

BOUVARD

Vous avez dit aussi : « On ne peut plus allumer la télé ces derniers temps sans tomber sur Claude François en train de chanter. C'est à se demander s'il n'est pas mort... »

*

YANNE

Moi, j'ai bien connu Jean Toscane. Toscane, il avait fait un truc formidable, un jour, quand il était speaker à la radio nationale : on lui avait donné à présenter une œuvre de Jean-Sébastien Bach qui s'appelle *Asperges me Domine*. Et il a dit : « Et voici maintenant, de Jean-Sébastien Bach, *L'asperge me domine.* »

*

YANNE

En Louisiane, on avait le droit de faire embaumer les gens et de les garder chez soi. La veuve d'un saxophoniste qui jouait à l'époque de La Nouvelle-Orléans avec les plus grands, avec Armstrong, et qui était mort à 28 ou 30 ans, l'avait fait embaumer. Du coup, elle l'a gardé chez elle et elle le trimbale toujours. C'est-à-dire qu'elle se balade dans l'avion avec lui, et elle l'habille comme le *Manneken-Pis* selon la circonstance. C'est une célébrité parce que, quand on va à La Nouvelle-Orléans, on va le voir, on va lui rendre visite. Comme c'était un très bon saxophoniste, on vend ses disques dans sa maison. Et un jour, dans *Real people,* qui est une émission où on montre des gens un peu singuliers, on la voit aller de Louisiane jusqu'à Los Angeles avec son mari en smoking. Ce qui est très marrant, c'est qu'elle a quatre-vingt piges, elle, et lui, toujours vingt-huit. Et on lui a dit : « Vous ne regrettez pas d'avoir toujours votre mari embaumé avec vous ? » Et elle a dit : « Non, mais je regrette de ne pas l'avoir fait embaumer assis, parce que pour l'avion c'est plus pratique. »

*

LAURENCE BOCCOLINI

J'étais en voiture du côté des quais, avec la circulation on n'entend rien, et j'ai une dame dans une autre voiture qui me disait quelque chose. Je lui dis : « Je ne vous entends pas, je ne vous entends pas. » Elle a l'air charmante, je lui demande· « Baissez votre vitre. » Je baisse ma vitre, elle baisse sa vitre, et elle dit quelque chose, je ne l'entends toujours pas. Et je lui dis : « Excusez-moi, je ne comprends pas. » Et elle fait : « Je-ne-vous-aime-pas ! » Je lui fais : « Merci. » Puis cent mètres plus loin, elle me rattrape. Elle me fait signe de baisser ma vitre. Je la baisse. Et elle me fait· « Et mon mari non plus ! Bonne journée. »

*

ÉVELYNE LECLERC

En ce moment, ça ne marche pas très fort pour moi. Je vais peut-être mettre une annonce dans le *Chasseur français*.

OLIVIER DE KERSAUSON

Mais tu devrais ! Mais dans ton émission, t'as un nain : mets-le sur un coussin, il va te voir. Charlie, il joue du piano les mains en l'air... Comment il s'appelle ? Charlie...

LECLERC

Oleg.

KERSAUSON

Charlie Oleg. Il est tellement petit qu'il joue comme ça... C'est formidable, on dirait un des rares mecs qui...

LECLERC

Ne parle pas de petit devant Philippe Bouvard.

KERSAUSON

Philippe n'est pas petit, Philippe n'est pas petit. Philippe est un nain de grande taille.

BOUVARD

Et votre Américain ?

LECLERC

Ban, pas facile, hein ! Y a des hauts et des bas.

KERSAUSON

C'est normal : un mec qui mange du hamburger et qui vient chez nous pour se taper un boudin... Non, je le pense pas. T'es pas un boudin, t'es pas un boudin.

LECLERC

Je suis quoi alors ? Je m'attends au pire.

KERSAUSON

Je sais pas. Je connais pas de mot pire.

LECLERC

Pourtant, je fais des efforts, hein.

KERSAUSON

Oui, mais *it's a long way*...

LECLERC

Je suis plus toute jeune, t'es marrant.

KERSAUSON

Ça, ça se voit.

LECLERC

J'ai commencé à la télé y a bientôt vingt-trois ans...

KERSAUSON

T'es plus toute jeune, t'es plus toute belle, mais t'es vraiment mignonne. Moi je sais qu'une âme pure se cache derrière cette blondasse décolorée...

LECLERC

Elle est pas décolorée, c'est le soleil.

KERSAUSON

Le soleil ? Mais arrête ! T'as été bronzer à Tchernobyl, ma biche !! Et puis ton soleil, il a oublié les racines...

*

ROLAND

Au temps héroïque de la télé, au journal de 13 heures, nous avions une consœur qui était charmante et qui se nommait Lise Elina. Or, cette Lise Elina avait un jour à présenter un sujet sur la fête nationale indochinoise qui s'appelle la fête du Têt, et on lui avait dit que c'était une abréviation et que c'était en fait la fête du Tête-moi le dard. Alors à l'antenne, très sérieusement, elle a fait : « Eh bien, pour célébrer cette année la fête du Têt, qui est en fait la fête du Tête-moi le dard... » Et elle l'a répété à plusieurs reprises.

BOUVARD

C'est elle qui, voulant vendre sa voiture, avait dit à un acheteur qui se présentait : « Vous verrez, la quatrième vitesse n'a jamais servi. »

*

BOUVARD

Savez-vous que les enfants naissent de moins en moins pendant le week-end ?

YANNE

Oui. Parce qu'il y a des programmes super le samedi et le dimanche.

BOUVARD

Pourtant, la nature est là...

YANNE

La nature ne peut pas lutter contre les programmes super de la télé du week-end.

BOUVARD

Le bébé qui veut sortir, il ne sait pas que c'est le week-end.

PIERRE BELLEMARE

Autrefois, on accouchait essentiellement chez soi. Et je pense qu'il y avait quand même une raison...

YANNE

Les bonnes femmes qui accouchent dans les taxis donnent au bébé le nom de l'émission qu'elles écoutaient à la radio...

BOUVARD

Il y a plein des gosse qui s'appellent Grosse Tête.

YANNE

Grosse Tête Moulardeau, bien sûr, évidemment...

*

KERSAUSON

Tournez manège, c'est SOS accouplements misère, voilà !

LECLERC

Quand je pense aux sept millions de téléspectateurs qui regardent fidèlement cette émission tous les jours, à la peine que tu es en train de leur faire, Olivier...

KERSAUSON

Moi, ça me gêne pas de faire de la peine...

LECLERC

Je ne parle pas de la peine que tu me fais à moi, personnellement.

KERSAUSON

Non, mais je suis sûr que je te fais de la peine.

LECLERC

Infiniment.

KERSAUSON

Et les sept millions de mecs qui regardent ça, je vais te dire...

LECLERC

Mais je les respecte, moi.

KERSAUSON

Je sais pourquoi ils regardent ça. Mets-toi à leur place : ta vie va pas trop bien, t'es en fin d'indemnités de chômage et tu te dis que t'es misérable. T'es chez toi, tout seul, y a pas une lettre, à part un truc d'impôt qu'est tombé dans la boîte, le téléphone a été coupé depuis longtemps, il te reste un peu d'électricité, l'huissier n'a pas enlevé la télévision, t'as le droit de la garder, ainsi qu'une chaise et une table pour manger, et une paire de couverts, la fourchette au moins. Tu viens d'ouvrir une boîte de haricots et tu te dis : « Qu'est-ce que je vais faire ? » T'oses pas regarder dehors, il fait gris. Tu branches la télé, tu regardes Tournez manège et quand tu vois ça tu te dis : « Y en a quand même qui sont plus malheureux que moi. »

LECLERC

Je pense que tu as un peu noirci le tableau, quand même. Mais à peine, à peine, à peine.

Chapitre 9

Les Grosses Têtes côté cour et côté jardin

MICHEL GALABRU

Il est certain que le public du vendredi n'est pas celui du samedi ni du mardi, comme jouer en Belgique n'est pas jouer à Marseille. Il y a donc, de la part des acteurs, des grands acteurs – nous nous adressons là à l'élite –, transmission de pensée. C'est ça qui est intéressant. On repère des coins qui ne nous sont pas acquis. On les sent. On sent une antipathie à gauche, une antipathie à droite. À nous de les gagner. Je me souviens de bides extraordinaires. On jouait *Le Dindon,* de Feydeau, une pièce extraordinairement drôle, à Paris, c'était du délire. On va à Enghien, à douze kilomètres, la même distribution : pas un rire, pas un rire !!

*

JACQUES BALUTIN

On jouait au théâtre de Paris *Pommes à l'anglaise,* de Robert Dhéry, un dimanche en matinée, à l'époque on faisait dimanche en matinée et en soirée, et au premier rang de face, il y avait un couple dont le mari était sourd. Et à l'époque, il n'y avait pas de Sonotone, c'était une espèce de corne de vache qu'il se mettait dans l'oreille. Et il écoutait. On commence, c'était avec Pierre Tornade, Grosso, Modo, et on chantait et la dame fait, aussi fort que je vais vous le faire : « Tu vois bien ? – Oui. – T'es bien assis ? – Oui. – Tu t'amuses ? – Non. »

*

JEAN-MARIE PÉRIER

C'était un personnage très, très impressionnant, Brasseur. Une sorte de Falstaff. Et j'allais dîner avec lui après le théâtre et avec mon père. Il avait quand même allégrement cassé un ou deux miroirs ; et ils y allaient sur le pinard. Et on sort, et il y a un mendiant qui le reconnaît et qui lui fait : « Hé, monsieur Brasseur... », et il lui tend la main. Brasseur le regarde, sort de sa poche une liasse de billets épaisse comme ça, toute la recette de la soirée, il tend la liasse au mendiant, lequel se précipite immédiatement Il retire la liasse d'un centimètre et fait : « Attention : c'est pour boire hein, pas pour manger ! »

*

SIM

Premier acte. Monsieur est dans la voiture, il conduit, et a côté, il y a sa femme. Sa femme : « Attention, attention ! Je... Non, je t'ai dit la deuxième à gauche ! Mais non... Mais c'est pas la première..., c'est la deuxième à gauche ! Attention, c'est rouge, là ! – Ta gueule ! C'est moi qui conduis. » Fin du premier acte. Deuxième acte : madame est dans la cuisine. Elle assaisonne la salade. À côté de la dame, il y a le monsieur. Il fait : « Mais qu'est-ce que tu fous là ?! Non mais regarde, t'as mis trop de vinaigre dans la salade ! Et puis là, y a pas assez d'huile ! Et pourquoi t'as pas mis d'ail ?! – Ta gueule, c'est moi qui cuisine ! » Quatrième acte.

PHILIPPE BOUVARD

Troisième.

SIM

Ta gueule, c'est moi qui raconte !

*

JEAN-CLAUDE BRIALY

Des personnages comme Guitry, ça n'existe plus. D'abord, parce que la vie était autre. On ne payait pas d'impôts. Il était allé voir Ramadier, qui était ministre des Finances. Il est entré – il devait un million de francs, cent millions d'anciens francs –, il arrive dans le bureau de monsieur Ramadier, et il dit : « Voilà. Vous êtes Colbert, je suis Molière. Alors, est-ce qu'on ne peut pas trouver un arrangement ? » Et Ramadier, qui était un con fini, lui dit : « Mais moi, je suis Ramadier, et vous, vous êtes Guitry, et vous payez comme tout le monde. » Et Guitry n'était pas comme tout le monde. Il racontait cette histoire magnifique avec son père, ils étaient sur les Champs-Élysées dans une énorme voiture et tout le monde criait : « Les rois de Paris, les rois de Paris ! » Et le chauffeur se retourne pour voir qui criait. Et il rentre dans la voiture de devant. Et le type dit : « Pauvre con !! » Et Sacha Guitry dit : « Détrôné... »

*

ROGER PIERRE

Guitry dans un restaurant mange avec sa femme, et en face d'eux, il y a un gros bonhomme qui est grossier, il est là, il mange comme ça, slurp, slurp..., et après, burp, il crache, il toussote, il se fait les oreilles. Et Lana Marconi fait à Guitry : « Écoutez mon ami, partons, partons. » Guitry fait : « Ah non, non, chérie. J'attends qu'il pète... »

*

PIERRE TCHERNIA

Sur la fin de sa vie, Jouvet, qui était le directeur du théâtre de l'Athénée, se fait opérer de la prostate. Il disparaît du théâtre pendant quelques jours. Il revient au théâtre et il va au bistrot du coin où il avait ses habitudes. Et le garçon, qui était bègue, lui dit : « Oh, mmmon... monsssieur Jou..., Jou..., Jouvet, je suis heurrrreux d'vous vous revoir. Il paraît que vous étiez op... opéré de la pros... de la prostate. Qu'est-ce que c'est la pros... la prostate ? » Et Jouvet lui répond : « Mon p'tit père, la prostate, c'est quand on pisse comme tu parles. »

*

BOUVARD

Le comédien est toujours, dans la mythologie contemporaine, un personnage qui ressemble pas du tout aux autres, hein ? C'est quelqu'un qui veut qu'on le regarde, qu'on l'applaudisse, qu'on l'aime. Sans arrêt, hein ?

PIERRE RICHARD

C'est un des rares métiers où il faut être connu pour être reconnu. Et ça, c'est terrible. Du coup, le comédien fait un peu tout pour se faire remarquer. Il parle plus fort que les autres, il rit plus fort que les autres, et puis même au besoin il le glisse dans la conversation. Au lieu de dire : « Pardon, monsieur, vous avez l'heure ? », il dira : « Il est vingt-trois heures trente, ça fait bien une heure que je suis sorti de scène. – Vous êtes comédien ? – On ne peut rien vous cacher. »

*

ÉRIC-EMMANUEL SCHMITT

Sarah Bernhardt avait un petit chien, Minucio, et elle adopte en plus un crocodile, qui faisait trente centimètres Il est donc dans sa baignoire, et elle est très contente de ce crocodile. Et, évidemment, il grandit, il devient un crocodile adulte. Et un jour, le crocodile gobe le chien Minucio Alors elle prend une carabine, elle tue le crocodile elle-même. Alors qu'elle aimait tellement les sacs et les chaussures, elle aurait dû le découper, mais elle l'a fait trôner, empaillé, dans son salon, et elle le présentait aux gens en disant : « C'est le tombeau de mon chien. »

*

JACQUES BALUTIN

C'est à la Gaîté-Montparnasse. La pièce était *Un sous-marin*, c'était un bide noir, et ça dure trente jours, le minimal syndical. Et à la fin de la pièce, le sous-marin ne pouvait pas remonter, il y avait une torpille qui pouvait n'envoyer qu'un seul homme à la surface. Alors, on tirait à la courte paille, et c'était le mousse, bien sûr, qui était choisi pour remonter, et, avant, tout le monde était aligné sur un rang, et il passait devant chacun et chacun disait: «Tu diras à ma femme que j'ai pensé à elle, que j'ai bien pensé aux enfants, à ma mère, à machin... » Tout le monde chialait. Et il arrive sur le dernier, qui lui fait: «Tu diras à Karsenty que je suis libre à partir de demain.»

*

JEAN AMADOU

Je me souviens, un jour, chez Lipp, je dînais en face d'une dame, et Sapritch dînait toute seule.

BOUVARD

C'était bien elle.

AMADOU

À un moment donné est arrivée Sylvia Monfort. Sylvia Monfort était seule aussi, et elle a dit à Sapritch: «Oh, ma chérie, tu as l'air fatiguée.» Et Sapritch lui a répondu: «Je ne suis pas fatiguée, Sylvia. Je suis vieille et nous avons le même âge.»

*

AMADOU

Quand je suis arrivé à Paris j'avais vingt-deux ans, et on avait fondé une équipe de volley-ball qu'on avait engagée au championnat corporatif de la région parisienne, et dans cette équipe de volley-ball, il y avait Hirsch, Charron et Le Poulain. Et on allait jouer le samedi après-midi, sur les terrains: on se déshabillait, on se mettait en tenue et on jouait contre eux. Et ces mecs ne connaissaient personne, parce qu'ils n'étaient pas connus à l'époque. Et ils jouaient contre des martiens, parce que Hirsch, quand le ballon tapait dans le filet, faisait : « Ah, pan dans la voilette ! » Et en face, ils ne savaient pas où ils étaient. Et en plus, on les battait parce qu'on était très bons.

*

PIERRE BELLEMARE

Réjane, la grande actrice qui avait une haleine absolument épouvantable.

BOUVARD

On l'avait surnommée : « Qui ne dit mot consent... »

BELLEMARE

Et tout le monde évitait de la raccompagner. Alors un soir, elle dit : « Forain, vous viendrez bien avec moi dîner ce soir... J'ai un fiacre. » Comme le fiacre est un endroit assez exigu, Forain accepte, la mort dans l'âme. Arrivé au restaurant, on lui demande : « Alors, comment c'était ? », il répond : « Je pétais de temps en temps pour changer l'air. »

*

BOUVARD

Au cabaret, il paraît que c'est le moment de l'addition qui est le plus terrible.

JEAN YANNE

Y avait toujours, à chaque table, dès qu'ils étaient quatre ou cinq, un marrant...

Sim

Qui balançait des réflexions.

Yanne

... qui parlait à voix haute : « Oh, ben, elle a pas des beaux nichons, celle-là ! » La gonzesse, elle chantait : « Oui, je croiiiis... » « Oh, c'est une naine ! »

Olivier de Kersauson

C'était l'horreur.

Yanne

Moi, j'ai vu un jour un type formidable qui s'appelait Champi. Il est arrivé à l'Orée du bois, il a commencé à parler et puis y avait un mec qui était à une table qui arrêtait pas de dire des conneries : « Ah, il a des chaussons... » Parce qu'il avait mal aux pieds, Champi... « Il a des chaussons, la gueule qu'il a, regarde-le... » Et à un moment : « Champagne, champagne, champagne ! Alors, il vient, ce champagne ?! » On amène une bouteille de champagne. Et Champi s'arrête, parce que le mec parlait tellement, il dit : « Bon, qui c'est qui va la payer, celle-là ? » Le mec dit : « C'est le plus con. » Et Champi dit : « Eh bien, vous allez vous battre, hein ! »

*

Jean-Marie Périer

Je me souviens d'un gala qu'avait donné un jour madame Giscard d'Estaing au Théâtre des Champs-Élysées, pour une bonne œuvre, et on avait demandé à Dutronc de chanter trois chansons. Il vient, il chante ses trois chansons, c'était en direct à la télé, et à la fin du spectacle, Giscard d'Estaing arrive, il entre sur la scène, et le présentateur télé se tourne vers le président et lui dit : « Monsieur le président, qu'est-ce que vous pensez de notre chanteur ? » L'autre, très gentiment, fait une phrase interminable, et ensuite, en tremblant, le présentateur se tourne vers Dutronc et lui dit : « Quel effet ça vous a fait de chanter devant le président ? » Alors Dutronc se tourne vers la caméra, et il fait : « De toute façon, lui, au baby-foot, je l'allonge quand je veux. »

*

GALABRU

Une fois, il m'est arrivé une histoire extraordinaire. J'étais en tournée à Nantes. On passe, avec le car, avant d'aller au théâtre, devant l'opéra. Y avait je ne sais pas quel spectacle. Moi, l'opéra, à ce moment-là, j'adorais ça, et je dis à une amie qui était là : « Ah, merde, c'est dommage, on ne peut pas voir ça, c'est lamentable. Si le théâtre pouvait brûler, nom de Dieu ! » On arrive là-bas, notre théâtre brûlait... J'ai passé une soirée extraordinaire !

*

JEAN-MARIE BIGARD

J'ai subi pas mal de choses de la part de mes copains. Ils arrivent avec un petit sourire narquois et ils me disent : « Ah, t'as pas pu te retenir, hein ! Après le slip sur tes affiches, il a fallu que tu mettes une moule ! » Alors je dis : « Oui. Mon spectacle s'appelle *Des animaux et des hommes,* donc la moule c'est un animal, et puis c'est bon les moules avec un coup de blanc, avec une bière... » On me dit : « Non, ne me prends pas pour un con ! Tu sais très bien que je te dis ça parce que c'est aussi comme ça qu'on appelle le sexe de la femme ! » Et là, je fais : « Ah ? Ah oui ? Ah mais oui, dis donc ! Ben, c'est une coïncidence. » Et il me dit : « Là, tu me reprends pour un con ! » Je lui dis : « Oui, je te reprends pour un con, parce que je ne vois toujours pas le rapport. La couleur, j'ai bien regardé, c'est pas du tout la couleur. Bon, l'odeur... C'est vraiment s'il y a un problème, hein. Moi, si elle sent comme ça, je la mange pas – je vous parle de l'animal, je vous parle même pas de l'autre, hein. Et même, on n'a jamais vu trois cent cinquante sexes de femmes agglutinés sur un rocher. À part à Monaco. Et encore, en saison. Si j'en vois une qui se fait bronzer sur les rochers, je lui dis toujours : "Mets-toi bien sur le dos, pas sur le ventre", parce que la moule, elle va s'accrocher et là, tu te lèves un peu vite, tu laisses la moitié de la touffe par terre. Déjà qu'il reste plus qu'une crête d'Iroquois, ça te fait le sourcil d'Obispo. »

*

JACQUES MAILHOT

À Marseille, au Versailles, qui appartenait à la famille Guérini. J'étais tout débutant, et le premier soir où je suis passé, le public n'était pas très attentif, il faisait du bruit. À la fin du spectacle, Mémé Guérini est venu me voir, il m'a dit : « Dis donc, ça a été dur pour toi, petit. » Je dis : « Oui, votre public est un peu bruyant. » Il me dit : « T'inquiète pas, demain, ça va aller mieux. » Le lendemain, je monte sur scène, je démarre mon numéro, y a un type qui commence à rire, et là, y a Guérini dans un coin de la salle qui dit : « Tu te tais, toi ?! » Ce qui fait que j'ai dit mes blagues dans un silence de mort... Et il m'a dit : « Tu vois, ça s'est bien passé, ce soir. »

*

BOUVARD

Comment vous êtes-vous aperçu que Mozart était hydrocéphale ?

YANNE

Mais il y a tout un tas de témoignages qui prouvent que Mozart était hydrocéphale. On l'a justement expliqué en long et en large. D'ailleurs, sa tête tombait sur le piano à cause du poids. Deuxièmement, quand il a fait son service militaire, on avait utilisé son casque comme baignoire. Et puis y avait surtout un témoignage de Beethoven qui voulait pas jouer à quatre mains avec lui. Parce que, quand il relevait la tête, ça faisait un bruit d'eau...

*

SIM

Je crois que là, on a cru mourir de rire. Nous faisions un gala des Grosses Têtes à Nevers...

BOUVARD

À Nevers, le fief de monsieur Bérégovoy.

SIM

Et monsieur le maire, monsieur Bérégovoy, est venu nous saluer avant le spectacle.

BOUVARD

Oui, parce qu'après, il nous aurait pas salués.

SIM

On a un traiteur qui vient nous faire dîner, le soir, c'est très joli, y a tous les plats. Y avait Philippe, y avait Gérard Jugnot, Castelli et moi-même. Et Léon Zitrone était encore à l'hôtel. Et Gérard Jugnot dit : « Excusez, Léon Zitrone n'est pas encore là, mais il va pas tarder à arriver. Mais méfiez-vous, monsieur le ministre, parce que, quand il mange, il éclabousse beaucoup. Alors, quand il va venir vous saluer, vous avez intérêt à vous reculer un peu. » Et Léon arrive. Il embrasse tout le monde, il fait des baise-mains à madame Bérégovoy, la révérence à monsieur le ministre... La conversation se poursuit. Et Léon attrape un gros bout de jambon, il se fourre ça dans la bouche, et en faisant ses civilités, vlaf ! il envoie un gros bout de gras sur la main du ministre des Finances. Il s'en aperçoit, et il fait : « Oh, monsieur le ministre, excusez-moi ! » Et Bérégovoy répond : « Oh, c'est de ma faute, j'aurais dû me méfier parce que Gérard Jugnot m'avait déjà prévenu. »

*

JEAN-JACQUES DEBOUT

Tout était verglacé, et Bruno Coquatrix m'avait dit : « Oh ! lala, c'est terrible, avec ce temps, personne ne se déplace ! » Et puis il m'annonce : « Oh ! lala, mais y a plein de gens qui arrivent, ne te démoralise pas, regarde, la salle est en train de se remplir. » Et je commence ma première chanson, ma deuxième chanson... C'est vrai, y avait plein de monde, mais des gens un peu étranges. J'avais l'impression que ce que je chantais ne les intéressait pas. En sortant, j'ai interrogé la chef des ouvreuses qui se trouvait dans les coulisses, et je lui ai dit : « Mais qui sont ces gens qui... » Et alors ils venaient, ils sortaient, ils tapaient, ils se cognaient dans les portes, ils ouvraient les portes... Y en a même qui fumaient. Et elle me dit : « Dans l'hôtel qui est derrière l'Olympia, les chambres ne sont pas faites. Ce sont des touristes qui arrivent de Chine, ils ne savaient plus où les mettre alors ils les ont amenés à l'Olympia. »

*

SIM

(S'accompagnant à la guitare.)

Alors, écoutez, monsieur de Kersauson, écoutez :
« Mais qu'as-tu donc, petit marin,
Qu'on a bercé, sur ces antennes,
Toi qui repars mais qui reviens
Pour échapper à tes baleines ?
Pourquoi dis-tu ces mots si crus
Qui vont si mal à ta noblesse ?
On peut très bien parler de cul
En ne parlant que de la fesse.
Tu veux frapper tous tes amis
Qui glorifient tous tes voyages.
Tu ne sais pas qu'on applaudit
Quand un marin rentre à la nage.
On t'aime bien, de Kersauson,
Malgré ton foutu caractère.
Mais si tu ne viens que pour le pognon,
T'es un marin très terre à terre. »

*

Francis et moi, et surtout lui, on a fait un truc fou un jour. Je jouais à Bruxelles et je logeais à l'Amigo, je sors de ma chambre et j'entends une porte claquer. Je me dirige vers l'ascenseur et c'était Francis. On ne s'était pas vus depuis très longtemps. On était contents de se voir. Il me dit : « Qu'est-ce que tu fais ? » Je lui dis : « Je joue à la Galerie. Et toi ? » Il me fait : « Moi, je passe à l'Ancienne Belgique. J'y vais pour repérer le piano, etc. Viens, or prendra l'apéritif là-bas. » On y va. On arrive. Y avait un grand bar, à l'Ancienne Belgique, et le barman fait : « Ah, monsieur Blanche, quelle joie de vous revoir ! On est ravis. » Il me fait : « Qu'est-ce que tu bois ? – Comme toi. » « Deux Martini. » L'autre amène deux Martini. Et Francis fait au garçon : « Et le lait ? – Je vous demande pardon, monsieur Blanche ? – En France, quand on sert un Martini, on met un petit pot de lait » – en Belgique, ils te foutent un pot de lait avec tout. « Excusez-moi, je ne savais pas. » Il arrive, il nous met deux petits pots de lait belge. Francis verse le sien dans son Martini, il me regarde, alors je mets le mien dans mon verre, on trinque et on s'envoie ça. C'est à gerber ! On continue, on bavarde, et à un moment je fais : « Remettez-nous ça ! – Oui. » Il nous ramène deux Martini avec deux pots de lait, on se les reboit, on paie, et lui, ça le fait rire aux larmes. Et six mois, un an après, on se rencontre à Saint-Germain. Il me dit : « Ou'est-ce oue tu fais ? – Rien. – Ben, viens. Je vais chercher Poiret et Serrault qui jouent au Fontaine. On va souper ensemble. Viens. » J'y vais. On arrive, on attend la fin du spectacle, on monte dans les loges de Jean et de Michel, on s'embrasse et on bavarde et, tout d'un coup, y a Jean qui fait : « Eh, vous savez que les Belges deviennent complètement tarés ! On va à l'Ancienne Belgique l'autre jour avec Serrault, on demande deux Martini : est-ce que tu sais ce qu'il nous amène avec ? Deux pots de lait ! »

*

CHRISTIAN MORIN

Francis Blanche était prêt à faire des couillonnades mais jusqu'au bout. Un jour, y avait Roger Pierre qui était invité sur la Côte d'Azur chez Francis Blanche, et au moment où tout le monde est passé à table, il y a eu une entrée. Et les gens invités par Francis Blanche n'ont rien osé dire. On apportait des demi-pêches coupées, avec quelques petites crevettes à l'intérieur. Et seul Roger Pierre a osé dire : « Mais c'est pas bon ce mélange de poisson avec le fruit. – Comment ? dit Francis Blanche. Vous n'avez jamais entendu parler de la pêche à la crevette ? » Et ensuite, bien sûr, le foie gras est arrivé.

*

SIM

Moi, j'ai inventé le canular téléphonique inversé. Et vous ne risquez rien du tout. L'autre jour, y a un mec qui m'appelle pour me vendre des tapis persans. Il me fait : « Bonjour, monsieur. Nous avons des tapis à vendre, sous douane, est-ce que ça vous intéresse ? » Je dis : « Non, excusez-moi, monsieur, mais ma femme vient de partir à l'hôpital. – Ah bon ? » Et, en bon commerçant, il fait : « Madame Berryer est malade ? (Parce qu'il a vu mon vrai nom dans l'annuaire.) Qu'est-ce qu'elle a ? – Elle vient de se fracturer la colonne vertébrale, elle s'est cassé complètement les deux jambes, elle a les bras dans le plâtre. – Oh, mais que lui est-il arrivé ? – Elle s'est pris les pieds dans un tapis persan. »

Chapitre 10

Les Grosses Têtes, grandes gueules et fines gueules

JEAN YANNE

Quand je fais à manger moi ? Je fais du curry. Du curry de campagne, parce que évidemment... je fais pas ça à la ville, hein. Je fais des trucs chinois, beaucoup. C'est très pratique à faire la nourriture chinoise. Parce que quand vous voulez faire par exemple des langoustines, vous mettez des langoustines avec du bœuf et du poulet. Quand vous voulez faire du poulet, vous mettez du poulet avec du bœuf et des langoustines. Et quand vous voulez faire du bœuf, vous mettez des langoustines et du poulet. De toute façon, c'est toujours pareil. Avec un peu de riz.

*

YANNE

Aux États-Unis, ils ont des produits sains, avec des colorants artificiels...

PHILIPPE BOUVARD

Ah bon ?

YANNE

Qui ne sont pas des saloperies de fruits, comme on en bouffe ici, et qu'on va chercher à la campagne...

FRANCIS PERRIN

Avec des vers.

YANNE

Ils ont des machins propres qui sortent des usines. C'est dégoûtant de manger de l'animal mort, du poisson crevé et des saloperies qui viennent de la terre, c'est plein d'asticots, avec tout ce que vous pouvez bouffer comme larves et comme machins qui font leurs besoins sur les légumes et les tomates pleines de saloperies, d'escargots qui courent dessus... Et je parle pas des animaux qui urinent la nuit, pendant que vous dormez, dans des maisons de campagne où les cafards courent sous les lits, les araignées font... Alors qu'en Amérique, tout est synthétique ! C'est quand même plus joli une belle nappe de béton que ces trucs avec des herbes...

GÉRARD JUGNOT

Alors là, je te pose une question : « À quoi ça sert que Ducros il se décarcasse ? »

*

YANNE

Il y a toujours un truc que je me suis dit, c'est que si jamais un jour je commettais un meurtre, je me débarrasserais du corps dans des plats cuisinés. Parce que, par exemple, vous jetez un bras dans une poubelle : y a toujours un mec qui passe, un clodo qui soulève le couvercle et vous vous faites cravater. On dit : « Bon, il a découpé sa victime. » Mais vous jetez pas, par exemple, un restant de hachis Parmentier, car les gens diraient : « Il gaspille. » Ou un pot-au-feu par exemple. Alors que si c'est bien découpé, vous voyez, ou bien dissimulés dans de la pâte feuilletée, des trucs comme ça, personne ne les remarque. Et moi, je pense même à un truc pour les gros os, par exemple. Pour se débarrasser des gros os une fois que c'est cuit : y a qu'à attacher des clefs avec une ficelle, vous savez, en les coupant comme ça. Y a plein de gens qui ont un os à moelle après leurs clefs...

BOUVARD

Faut cuisiner un petit peu, quand même !

YANNE

Ah ben... Mais les gens disent : « Ça sent bon chez eux, qu'est-ce qu'ils doivent bien bouffer ! » Une pastilla par exemple : qui va vérifier s'il y a une main ?

*

BOUVARD

Qu'est-ce que vous en pensez de la cuisine chinoise, monsieur Coffe ?

JEAN-PIERRE COFFE

Je suis affreusement cocardier. Pardonnez-moi, mais j'ai des souvenirs de cuisine indienne terrifiants. Un jour, j'invite une dame à passer la soirée en espérant que ça se terminera plutôt bien. Et je lui dis : « Où voulez-vous aller dîner ? » Et elle me dit : « À l'Annapurna », qui est un restaurant indien. C'est un endroit sympathique, mais on est accroupis et pas assis, donc c'est très inconfortable... Et on entend pendant tout le repas une musique, dzing, tring, tac, tac, tac, dong... C'est un truc à devenir cinglé. Et je dis au maître d'hôtel : « Je suis allergique au poivre, à tout ce qui est relevé, est-ce que vous pourriez me donner quelque chose ? » Et il apporte une soupe. Je goûte ça. Première, deuxième, troisième cuillerée... Et tout à coup, je me sens enflammé. Mais quelque chose d'absolument extraordinaire, qui part des pieds, je me sens devenir complètement rouge, je transpire de partout, y avait du bordeaux blanc à boire, je finis la bouteille, je vais dans les toilettes après m'être excusé auprès de la dame, je mets une serviette sous mon pull, devant, derrière, je transpirais comme si j'étais dans un sauna. Je reviens et je dis : « Non, j'ai terminé de dîner », mais j'avais quand même besoin d'éteindre l'incendie qui s'était déclaré dans ma bouche, donc deuxième bouteille de bordeaux, troisième bouteille de bordeaux. Ensuite, on va chez Régine pour danser – c'était très ancien, hein, c'était à l'époque du New Jimmy's. La dame s'approche de moi pour danser, elle retire précipitamment sa main de mon dos parce que c'était une serpillière trempée. Je tente un dernier effort, je dis : « Et si on rentrait ? » Elle me dit : « Oui. » Je ne vois pas qu'elle est soulagée dans son oui, je ne sens pas d'intention. J'arrive devant chez elle, je dis : « Je vais garer la voiture. » Elle me dit : « C'est pas la peine ! » Elle claque la portière, elle rentre dans l'immeuble. Alors moi, la cuisine étrangère, ça me terrifie !

*

COFFE

D'abord, à votre salade, vous allez lui expliquer qu'elle va être dans l'eau fraîche, qu'on va la laver, qu'on va lui faire une toilette très intime, une toilette intime, c'est toujours agréable. Ensuite, vous allez lui annoncer qu'elle va être avec une très belle huile, avec peut-être un vinaigre de vin que vous aurez fait vous-même...

BOUVARD

Elle va être rudement contente, la salade...

COFFE

Vous allez lui parler longuement. Vous imaginez, quand vous faites une jolie salade, c'est-à-dire que dans le fond du saladier vous avez mis du sel et du poivre, un peu d'huile, vous mélangez tout ça à la main, car c'est une caresse, il faut mélanger la salade à la main, et puis ensuite vous avez un vaporisateur, vous la parfumez d'un petit peu de vinaigre de vin, vous mettez des fines herbes et vous vous régalez avec ça. Mais le plaisir, c'est ça, c'est d'expliquer aux produits qu'ils vont vous procurer du plaisir.

BOUVARD

Pour la salade, c'est pas...

COFFE

Considérez-la comme un être vivant ! Vaut mieux parler à une salade intelligente qu'à un con humain !! *(Applaudissements nourris de la salle.)*

*

COFFE

Si j'ai un conseil à donner, c'est qu'il faut effectivement fatiguer la salade, mais à la main. C'est absolument formidable. C'est le meilleur moyen de mélanger la salade et surtout avec cette huile d'olive, si on utilise l'huile d'olive, et même avec l'huile d'arachide, ça donne des mains extrêmement douces, c'est très agréable.

SIM

Est-ce que tu es contre le citron, dans la salade ?

COFFE

Mais pas du tout.

BOUVARD

Oh ! Un bon vinaigre balsamique, c'est pas mieux ?

COFFE

Arrêtez de dire des conneries ! Un vinaigre balsamique, ça vaut la peau du cul, c'est extrêmement cher, et c'est le vinaigre sur lequel il y a le plus d'escroquerie ! Le vinaigre balsamique, ça n'est pas bon dans la salade, c'est délicieux sur les fraises ! Il faut le mettre dans un pulvérisateur, et plof, plof, deux petites pulsions comme ça sur un plat de fraises, ça c'est merveilleux !

JACQUES MAILHOT

Où est-ce qu'on peut se faire pulvériser la fraise au balsamique ?

COFFE

Viens chez moi, je fais ça en général tous les week-ends.

MAILHOT

Moi, l'autre jour, j'ai été dans un restaurant corse, j'ai dit : « Vous pouvez me fatiguer la salade ? » Il m'a dit : « Tu te fous de ma gueule ? ! »

*

YANNE

C'est cruel, quand même, la pêche aux spaghettis. Le pauvre spaghetti qui se débat, qui tombe sur le plastron, qui tombe sur les genoux, par terre...

JACQUES MARTIN

Surtout qu'il y a eu, Dieu merci ça a passé, une époque où les femmes se faisaient des manteaux de fourrure en peau de spaghettis.

YANNE

On a exterminé des quantités de spaghettis. Y en a presque plus, maintenant.

MARTIN

Oui, et les fourrures en tagliatelles. Oh, les nouilles, encore... Non, mais c'est vrai qu'on n'a rien fait pour sauver le spaghetti. Bardot, un peu.

YANNE

Bardot, c'est surtout la choucroute. Mais le mec qui abat les coquillettes, comme ça, sous les yeux des parents... Ça fait de la peine. Quand vous voyez une pauvre coquillette sur une assiette avec un peu de sauce tomate qui lui coule... Vous vous dites : « Jamais j'aurais un manteau en coquillettes ! »

MARTIN

Moi, c'est bien simple : quand on me sert des coquillettes, je leur mets un pansement.

YANNE

D'ailleurs, y a une chanson célèbre qui s'appelle *Au fond d'un puits*, c'est l'histoire d'une coquillette blessée qui crie, comme ça...

MARTIN

Et quand on la met dans l'eau bouillante, salée, en plus, les hurlements de la coquillette...

YANNE

C'est déchirant ! Ça nous fait une peine !

MARTIN

Moi, je mets un couvercle dessus, pour pas entendre.

LÉON ZITRONE

La nuit je livre un combat permanent contre les pots de confiture et je sors vaincu. C'est-à-dire que j'ouvre les pots et je les mange.

OLIVIER DE KERSAUSON

Oh. les pauvres voisins, le bruit !

BOUVARD

Mais parce que vous avez des pots sur la table de nuit, un peu partout ?

ZITRONE

Non, non, non. J'ai des cachettes pour les pots, que ma femme ne connaît pas, que personne ne connaît dans ma famille, et je vais la nuit...

BOUVARD

Vous imaginez Léon, quittant le lit conjugal, la nuit, pour retrouver un pot de confiture ?

ZITRONE

Mais c'est vrai !

BOUVARD

Oui. Où les cachez-vous ?

ZITRONE

Mais je ne vous le dirai pas. Si ma femme entendait l'émission...

BOUVARD

Vous changerez de cachette.

ZITRONE

Ah, je ne peux pas.

KERSAUSON

Eh ben, changez de femme, alors !

BOUVARD

Elle a jamais la curiosité d'ouvrir la table de nuit ?

ZITRONE

Ben, c'est-à-dire que je ne cache pas les pots de confiture dans la table de nuit.

KERSAUSON

Il doit y avoir des taches sur les draps, quand même, avec toutes ces confiotes.

ZITRONE

Non, non, non, non, non, parce que je vais les manger à la cuisine.

KERSAUSON

Mais y a bien des traces, la nuit. Vous pouvez pas allumer...

ZITRONE

Je m'arrange !

KERSAUSON

Vous arrivez à bouffer de la confiture dans le noir, vous ?

ZITRONE

Non, j'ouvre la lumière dans la cuisine. C'est le gala !

*

COFFE

On les a oubliés depuis un moment, et je m'en veux, on ne pense pas suffisamment à ces pauvres prêtres qui boivent de la vinasse quand ils disent la messe. Il faut relancer l'idée du bon vin pour les prêtres. Ça serait quand même bien.

BOUVARD

Peut-être que ça viendrait à bout de la crise des vocations.

COFFE

Bien sûr !! Tous les prêtres seraient des poivrots, ce serait quand même formidable ! *« Ameeeennn ! Domine vobisss-cuummm ! » (Chantant.)* « Avec Maria, on a dansé la java. »

*

BOUVARD

De quoi sont fait les nids d'hirondelle dont raffolent les Chinois ?

YANNE

De la bave et des algues.

BOUVARD

Eh oui, c'est la salive déglutie des hirondelles, mais dont elles se servent pour...

KERSAUSON

... faire leur nid...

YANNE

... et pour coller les algues.

KERSAUSON

Ça solidifie.

BOUVARD

Voilà. Et il paraît que c'est un plat délectable. Monsieur Coffe ?

COFFE

Non.

BOUVARD

Vous n'avez jamais mangé de nids d'hirondelle ?

COFFE

Non.

BOUVARD

Il paraît que c'est très bon. Monsieur Yanne en a mangé ?

YANNE

Oui, souvent.

BOUVARD

Ça a le goût de quoi ?

KERSAUSON

Et c'est bon ?

YANNE

Ben, c'est des algues que les hirondelles vont chercher à des endroits où personne peut aller, elles font leur nid avec, on récolte le nid, ce qui fait qu'on a des algues qu'autrement on n'aurait pas.

COFFE

Ça se mange chaud ou froid, ça ?

YANNE

En bouillon, c'est un potage. Le potage aux nids d'hirondelle. Donc en fait, il y a quelques algues là-dedans.

BOUVARD

Y a des brindilles ?

COFFE

C'est sucré ?

YANNE

Y a des brindilles ! Vous confondez avec les cigognes ! Personne ne fait de potage aux nids de cigogne, parce que là, évidemment, on trouverait des mégots, des tas de machins, des brassières, des Pampers, enfin tout un tas de trucs que ces volatiles ramassent un peu partout. Mais là, la petite hirondelle, toute petite... D'ailleurs, quand on parle de bave d'hirondelle, vous vous rendez compte comme c'est peu, un petit filet de salive d'hirondelle, c'est tout petit, ça passe comme un souffle...

COFFE

Mais c'est sucré ?

YANNE

Ça dépend ce qu'on met dedans : la plupart du temps, dans les potages chinois, de toute façon, si on n'arrose pas ça avec une tonne et demie de sauce à viande et de piment, ça n'a pas de goût, alors...

BOUVARD

Et ça vous dégoûte pas qu'on ait bavé dans votre soupe ?

COFFE

Mais c'est de la bave d'hirondelles !

AMANDA LEAR

C'est tout mignon, avec ses petites pattes toutes..., sur son petit nid...

YANNE

Et quand vous mangez des perdreaux et qu'on étale la crotte sur la tartine avant... Hein ?

*

BOUVARD

Une huître, que vous avez avalée comme ça, sans la tuer, et qui cherche à ressortir de votre estomac...

KERSAUSON

Oh, c'est terrible !

BOUVARD

Oh ! lala !

COFFE

Vous rigolez, mais elle dégage des toxines.

BOUVARD

Dans ces cas-là, vous savez ce que je fais ? Je m'assois sur la coquille, et j'attends...

COFFE

(Outré.)

Je rêve !! Je ne sais même pas ce que j'entends. On tombe dans l'immondice... On est dans une fosse à purin ! C'est plus une émission de radio, maintenant ! Non, mais vous vous rendez compte ? Pas vous, quand même ! « Je m'assois sur la coquille et j'attends. » Non, mais vous vous rendez compte de ce que vous venez de dire ? Vous n'avez pas honte ?

BOUVARD

J'ai honte.

COFFE

Ah bon, ça va, quand même ! C'est lamentable !!

KERSAUSON

Ne t'énerve pas, Jean-Pierre.

COFFE

Mais je m'énerve pas, je suis consterné !

*

COFFE

J'ai assisté à Quiberon à un dîner incroyable où il y avait un maître d'hôtel qui avait versé une saucière sur une dame assez âgée qui avait un décolleté dans le dos. C'était un dîner absolument surréaliste ! Deux dames s'installent devant moi, et pour regarder la mer, les deux dames étaient côte à côte, parce que, dans cet établissement qui était à Quiberon, on ne pouvait regarder la mer que si on était côte à côte. C'était une vieille dame et son médecin, elles commandent, et leur menu était le suivant : homard rôti, ensuite il y avait une selle d'agneau grillée, et enfin il y avait une giboulée de cerises. Le homard arrive. Il y avait un maître d'hôtel qui était une sorte de valseur, comme ça, très brillant, qui faisait un numéro à l'italienne, et qui commence à découper le homard, pour montrer qu'il était brillantissime, et tout d'un coup paf, plouf, y a la patte d'un homard qui disparaît ! Et le type laisse les deux homards comme ça sur la table et commence à chercher où était tombée la patte de homard. Et la patte de homard avait entièrement disparu, il cherchait partout, désespéré, il se met à quatre pattes, les deux dames s'impatientent, elles avaient faim, le type cherchait partout la patte de homard. Donc on a fini par servir une sorte de homard unijambiste. Les deux dames discutaient pour savoir laquelle allait prendre le homard qui n'avait qu'une patte. Enfin bref, on débarrasse le homard. Le carré d'agneau arrive, le maître d'hôtel découpe le carré d'agneau. Là, ça se passe à peu près normalement, et il dit à son commis : « À l'anglaise, le service ! » Alors le commis le regarde absolument effaré. Et il lui fait un signe en disant qu'il fallait servir par-derrière et non par-devant. Alors, le commis, un môme tremblant, essaie de passer pour mettre de la sauce sur ce carré d'agneau. Et, tout à coup, l'œil noir du maître d'hôtel le fusille, il prend peur, la saucière se verse lentement sur le décolleté dans le dos de la dame. La sauce était bouillante, évidemment. Alors imagine que moi j'étais derrière cette dame, c'était une dame de quatre-vingts ans qui avait tout à coup retrouvé ses vingt ans et qui dansait le mambo. Alors elle bougeait comme ça son postérieur sur sa chaise, et évidemment plus la sauce dégoulinait, plus elle bougeait. Voyant le désastre, le maître d'hôtel attrape une serviette et l'enfile dans le décolleté... Dernier instant de pudeur, elle dit : « Oh non, non, pas ça ! » Ensuite, on débarrasse le plat, et arrive la giboulée de cerises. Qu'est-ce que c'est qu'une giboulée de cerises ? Ce sont des cerises flambées au kirsch, servies sur une boule de glace à la vanille. Avec l'instrument de torture : le réchaud à alcool. On pose le réchaud sur la table et on place dessus un plat de service avec les cerises. Le type allume le réchaud. Il prend l'alcool, il verse très généreusement sur les cerises et, comme on fait dans les restaurants, il penche le plat pour que le liquide arrive à toucher la flamme du réchaud. À ce moment-là, une sorte de brasero, d'incendie illumine la salle à manger, le type sert les deux dames, il met les deux glaces, et voilà qu'il a l'idée absolument extravagante de vouloir éteindre les deux lumignons du réchaud en soufflant dessus. Et c'était comme des bazookas. Et il y avait les deux dames, devant, avec leurs serviettes qu'elles tenaient comme ça, sur leur poitrine, et le gaz arrivait comme ça... Et ça partait... C'était stupéfiant ! Et il faut dire que sur ces petits réchauds, il suffit de tourner le couvercle et c'est éteint instantanément. Ce con n'en avait pas l'idée. Alors il prend sa serviette, il pose la serviette sur le réchaud, la serviette s'enflamme. Enfin, on vient à l'aide, on débarrasse et tout s'arrange. Le dîner est terminé, les deux dames prennent des infusions. Puis le maître d'hôtel raccompagne les deux dames à la porte. Il était honteux parce qu'il voyait que la très jolie robe blanche de la cliente était tachée et il dit : « Au revoir, madame », etc., mais pas un mot d'excuse, rien, et tout à coup, il tombe en criant :

« Ah, la v'là ! » Il avait glissé sur la patte du homard, il était tombé de tout son long dans la salle de restaurant ! Je vous signale que c'est une histoire authentique. Tout ce qui peut arriver comme catastrophe dans un restaurant s'accumulait l'une derrière l'autre... Et toute la journée je me suis dit en pensant au dîner : « Qu'est-ce qu'il va encore nous faire comme connerie ? »

*

COFFE

On n'importe pas des escargots. On importe des morceaux de caoutchouc de limaces qui arrivent de Chine ! Ça devrait être interdit. C'est aussi scandaleux que la truffe ! Les Chinois commencent à nous emmerder avec leurs saloperies qu'ils sont en train de nous faire absorber. C'est dégueulasse ! Et on a beaucoup eu de la grenouille égyptienne, avec des énormes cuisses...

KERSAUSON

Ah oui...

COFFE

Des grenouilles avec une vulgarité incroyable, des cuisses de cochon ! C'était immonde ! Moi, j'aime la petite cuisse landaise. C'est une jolie grenouille, celle-là. Vous ne vous souvenez pas, la grenouille de Chapelle, ces petites choses exquises ?

BOUVARD

Des grenouilles de bénitier ? Non ?

COFFE

Des grenouilles de Chapel. Vous voyez bien qui c'est, l'admirable Chapel ?

BOUVARD

Oui, bien sûr.

COFFE

Comment ? Vous ne savez pas qui est Alain Chapel ? !!

BOUVARD

Mais si !

COFFE

Ben alors, dites oui !

BOUVARD

Je dis oui, mais je faisais une astuce avec les grenouilles de bénitier. Bon, j'ai le droit ! Oh, là ! Terroriste !

COFFE

Mais vous vous rendez compte le ton sur lequel... Vous comprenez pourquoi je viens pas souvent ? !! J'en ai marre de me faire engueuler, quand même ! Vous pouviez pas attendre deux minutes pour dire : « Grenouilles de bénitier ? » Non ? Ça pressait.

BOUVARD

Non. Parce que, si sur le moment ça fait pas rire, après encore moins.

*

SIM

J'allais le dire : c'est bon, le gras-double.

COFFE

Plutôt sous forme de tripes. Je les aime bien poêlées, j'aime bien ça, mais je les fais plutôt au vin blanc.

SIM

Mais c'est bon, le gras-double.

COFFE

Mais j'te l'ai dit ! C'est bon.

SIM

Si on n'aime pas, on peut dire que c'est mauvais, le gras-double.

COFFE

Non. Non, non. On peut dire qu'on n'aime pas, c'est tout, on peut pas dire que c'est pas bon.

SIM

Même s'il est bon.

COFFE

Non, mais quand le gras-double est pas bon et que tu aimes pas le gras-double, tu n'as pas de raison de dire que c'est pas bon.

SIM

Ouais. Tu peux pas dire que c'est mauvais...

COFFE

Tu dis rien. Tu le laisses. Ou tu le repasses à ton voisin qui aime ça.

SIM

Mais s'il aime pas ça ? Y a des choses très bonnes que je n'aime pas. Alors un mec qui n'aime pas le gras-double, tu le passes par la fenêtre, il le reçoit sur la tête, et il dit : « C'est mauvais, le gras-double. Mais c'est bon, le gras-double !! »

*

COFFE

Nous allons entrer dans le même combat que pour l'andouillette. Quand on dit : « L'andouillette, c'est indigeste, l'andouillette, c'est lourd et c'est gras », ça n'est pas vrai !

BOUVARD

Je vous ai dit ici ce que je pensais de l'andouillette, que vous défendez avec une obstination coupable, mais je voudrais pondérer ce que j'ai dit. L'andouillette, au moins, ne répand pas d'odeur de cuisine, elle répand des odeurs de cabinet !

COFFE

Je peux pas laisser dire ça. Une bonne andouillette ne sent pas la merde, excusez-moi ! C'est pas possible ! Bien sûr, c'est un lieu de transit. Oui, l'andouillette, c'est bien ça, c'est du boyau et y a forcément eu de la merde dedans. C'est des intestins. C'est évident. Non, mais c'est très propre. C'est ébouillanté.

SIM

Je suis d'accord avec toi. Ça sent pas la merde. C'est approchant, mais ça sent pas vraiment.

COFFE

Mais ça peut pas sentir la merde, écoute ! C'est ébouillanté... Vous êtes allés dans des maisons où on ne sait pas ce que c'est que l'hygiène du boyau !

BOUVARD

On n'avait peut-être pas tiré la chaîne, mais je peux vous dire que ça sentait bien... d'où ça venait, hein.

COFFE

Mais non ! C'est l'idée que vous vous en êtes fait

BOUVARD

Non, pas du tout.

COFFE

Je vais vous inviter à manger une vraie bonne andouillette.

SIM

Jean-Pierre la sert dans un pot de chambre.

COFFE

Je connais un type qui fait une andouillette admirable...

BOUVARD

Un chef de cabinet, peut-être ?

COFFE

Mais c'est honteux de dire ça ! Mais non ! Vous allez finir par dégoûter les gens !

SIM

Il sort de l'ENA : l'École nauséabonde de l'andouille.

COFFE

Tu me fais de la peine, parce que toi-même, t'adores ça

SIM

Oh, mais c'est pour faire rire...

COFFE

Oui, mais non, on ne fait pas rire avec l'andouillette ! C'est pas un sujet de rigolade !

BOUVARD

Non, la preuve, c'est qu'on ne peut pas rire avec un sujet qui vous emmerde.

*

COFFE

Il faut faire très attention. Un jour, j'avais bu, tu sais, cette vodka à la cerise... Et alors il m'est arrivé une chose que vous n'imaginez pas.

LEAR

T'as avalé la cerise

SIM

T'as pissé les noyaux

COFFE

Non, c'est de la vodka, genre cherry-vodka, un truc comme ça. C'est absolument délicieux, mais ça fait une drôle de sensation, c'est qu'à un moment donné, figurez-vous que j'ai eu l'impression que je n'avais plus de fémur.

LEAR

J'ai eu peur pour lui, j'ai eu peur.

COFFE

C'était incroyable : je sentais mon genou, très bien, je sentais ma hanche, et entre les deux, rien du tout ! Impossible de lever la jambe. Je pouvais plus me soulever. Comme s'il y avait eu un manque de membre, là, à ce moment-là.

KERSAUSON

Ça doit être la cerise qui fait ça.

COFFE

Tu peux pas savoir comme j'ai été malheureux. Je me tâtais, je sentais ma cuisse, mais y avait plus de nervosité. Parce qu'il faut de la nervosité pour se lever. Là, rien du tout ! Ah, j'étais embêté...

LEAR

Et combien de temps ça a duré ?

COFFE

Le temps qu'on me porte jusqu'à la voiture.

*

MAILHOT

Si on vendange trop à la main, ça rend sourd.

COFFE

Mais comment est-ce que tu peux dire des conneries pareilles à un amateur de vin, Mailhot, c'est incroyable !! Que l'autre, le petit parvenu, là, fasse des allusions...

STÉPHANE BERN

Tu sais ce qu'il te dit, le petit parvenu ?

COFFE

... des allusions salaces... Là, il se lâche, parce que, quand il est dans le monde, dans son monde d'aristos, il la joue cul serré, sac à main sous le bras. . Il faut pas déconner, quand même ! Parlez du vin avec un peu de respect, s'il vous plaît, messieurs ! Et même si ça me faisait plaisir de tenir toutes les grappes de la Terre, ça serait bien mon affaire ! Jalouses !

*

COFFE

Le gros monstrueux de Carentan.

PERRIN

Ah, je viens juste de passer le cap.

COFFE

Le fût du monstrueux de Carentan...

PERRIN

La contrepèterie n'est pas loin...

COFFE

C'est 20, 22 de long le fût, mais ça doit faire 4, 4,5 de circonférence...

PERRIN

C'est un très bel objet.

SIM

Tu parles de quel fût, là ?

COFFE

Du poireau. Du monstrueux de Carentan.

SIM

Y a un fût ?

COFFE

Ben, la partie blanche du poireau, ça s'appelle le fût.

SIM

(Petite voix féminine.)

Ahhhhh....

COFFE

Dans cette assemblée, je suis le seul représentant qui parle réellement botanique, et vous, de l'autre côté, vous parlez de cul.

SIM

Parce que chez nous, la botte ça nique aussi, hein.

*

DARIE BOUTBOUL

J'ai voulu essayer une recette avec le camembert passé comme ça au gril : on fait un petit trou dedans et on met du miel. J'ai voulu faire ça.

SIM

Oh ! lala ! Oh ! lala !

BOUVARD

Et après, on va au restaurant.

COFFE

À mon avis, on n'a pas le droit de laisser passer des choses comme ça sur les antennes ! Excusez-moi ! Il ne faut pas laisser ! Oui, mais on perd tout crédit, mon cher Philippe Bouvard, si vous laissez faire des choses comme ça ! Vous vous rendez compte ? Du camembert dans un micro-ondes avec un trou dedans pour mettre du miel ! Mais elle devrait être enfermée, enfin ! Il faut la mettre dans un asile !

SIM

Elle est complètement tordue, hein !

COFFE

Ne laissez pas cette femme en liberté ! Elle va finir par nous empoisonner !

*

COFFE

Je vous assure que les légumes sont des êtres vivants, quand même ! Pourquoi voulez-vous qu'on n'ait pas de contact, qu'on n'ait pas un rapport de courtoisie...

KERSAUSON ?

Ouais. Avec la salade...

SIM

J'ai des rapports très courtois avec les aubergines.

BOUVARD

Il faudrait peut-être consoler la carotte, pour lui expliquer qu'on ne lui veut pas de mal...

COFFE

Mais bien sûr ! Quand vous mettez un homard vivant dans un court-bouillon, vous lui dites : « Bon, d'accord, il va t'arriver un grand... »

KERSAUSON

Bon, d'accord, tu vas avoir un peu chaud aux pattes, mais...

COFFE

... mais quand tu vas devenir tout rouge, tu vas être tellement bon, et puis tu vas voir, ce petit beurre, juste monté avec de l'estragon...

BOUVARD

Laisse-moi te serrer la pince une dernière fois...

COFFE

Je crois qu'il ne faut pas plaisanter avec..

KERSAUSON

... avec les homards.

COFFE

... avec tout ce qui est vivant et qui nous permet de survivre.

BOUVARD

Et c'est bien dit, ça.

KERSAUSON

Il se ferait pas chier en Inde, lui.

COFFE

Moi, vous savez, je m'en fous. Vous pouvez plaisanter tant que vous voulez, la seule chose qui compte, c'est que de temps en temps, ici, entre seize heures trente et dix-huit heures, moi je défends mes idées, et, en dehors de ça, je vous emmerde !!

*

COFFE

Tout le monde est content : la salade, les gens qui la mangent et la dame qui l'a retournée.

BOUVARD

Et l'olive, l'olive ! L'olive, qui est très fière...

COFFE

Vous savez, je vais vous dire. Je sais ce que vous pensez dans le fond de vous-même : Quel con !...

BOUVARD, KERSAUSON

Non ! Non !

COFFE

Philippe Bouvard, je me fous de votre opinion ! Ce qui compte, c'est que la salade que je mange soit heureuse, que mes invités soient heureux, c'est ça qui compte ! Votre avis, je m'en tape en ce qui concerne la salade !! Et j'peux vous dire, je ne viendrais plus, parce que je sais pertinemment l'opinion que vous avez sur moi et je m'en fous. Parce que si, sur tous les gens qui nous écoutent, y en a au moins un qui dit : « Tiens, ce type-là, il a une façon de voir les choses... » Bouvard ricane, mais peut-être que les gens disent que je suis un type bien et que vous vous ne l'êtes pas ! Voilà !

BOUVARD

Mais oui. Je fais amende honorable.

COFFE

Je suis conscient que..

BOUVARD

Je vais vous dire, monsieur Coffe...

COFFE

Non ! Laissez-moi parler, j'ai pas fini ! Laissez-moi parler ! Je veux parler le premier ! Je veux parler le dernier ! Je veux vous dire... Je ne sais même pas ce que je veux vous dire !... Oui, oui, je sais très bien que vous m'invitez parce que vous voulez me prendre pour un con et une tête de Turc.

BOUVARD

Mais pas du tout !

COFFE

Ça m'est égal ! Et puisque vous me le demandez pas, je vous le dis : « Je reviendrai ! »

*

COFFE

Je conseille à toutes les femmes qui veulent découvrir le plaisir de l'épluchage, car il y a du plaisir à éplucher, c'est de se mettre une asperge dans la main, comme ça, tout dans la longueur, comme ça, le bout du turion sur l'index et toute la partie dans le creux de la main, et prendre un épluche-légumes et caresser l'asperge doucement. Et vous caressez sur toute la longueur l'asperge, et je vous garantis que c'est un plaisir, pour la main qui épluche, un plaisir absolument extraordinaire.

BOUVARD

Ça s'appelle pas, à ce moment-là, peler le jonc ?

JACQUES BALUTIN

Ça, c'est pas ses trucs à lui.

COFFE

Mais je vous signale, Philippe Bouvard, que peler le jonc, je ne vous le pardonnerai pas ! Vous entendez bien, je ne vous le pardonnerai pas ! Je vous le remettrai dans la figure un jour, vous l'aurez !! Ou alors ne vous avisez pas de vous trouver à poil devant moi, car je le pèlerai moi-même ! Vous entendez ?

*

COFFE

On appelle à tort les bas morceaux les morceaux qui sont situés dans la partie basse de l'animal, mais qui sont des morceaux admirables ! On oublie la triperie, mais dans la triperie, bon marché, bon marché, pour répondre à ce que disait Baffie, y a des pièces, mais alors bouleversantes de qualité !

BALUTIN

Ah, Beaumarchais a fait de très belles pièces !

COFFE

Vous comprenez, c'est ça qui m'énerve. Je crois que je l'ai convaincu en disant quelque chose de solennel mais en même temps de tout à fait appétissant, et puis y a un conard, derrière, qui fait : « Hé, Beaumarchais... » Et il fait prout, derrière moi, et ça, ça m'agace.

*

COFFE

Avant d'acheter un poisson, règle absolue : regardons d'abord l'œil. Il doit être convexe, brillant...

BALUTIN

Et pas vitreux.

COFFE

Et noir. L'ouïe doit être colorée, la chair ferme, rigide, et brillante. Un poisson, comme un légume, comme un morceau de viande, doit te faire envie quand tu le regardes sur l'étal. S'il est terne, passe ton chemin. Voilà les règles absolues de fraîcheur du poisson : l'œil brillant, convexe, noir, l'ouïe colorée. Ne parlons même pas de l'odeur, car l'odeur, c'est pas propre au poisson, c'est propre à la poissonnerie. On ne doit rien sentir chez un poissonnier. Si ça sent mauvais..

JEAN-JACQUES PÉRONI

C'est la poissonnière !

BOUVARD

Et la tomate ? Comment est-elle, la tomate ?

YANNE

Elle rougit vite, hein.

PÉRONI

Dès que ça bine, elle rougit...

BOUVARD

Mais le poireau est très agité aussi.

YANNE

Ben, il a une forme idéale, hein.

PÉRONI

Il a les cheveux blancs mais la queue verte.

YANNE

C'est vrai que toutes ces histoires de légumes et de fruits, c'est très dur à expliquer aux enfants. Par exemple, vous avez un enfant qui dit : « Qu'est-ce qu'il y a sur cet arbre, des fruits ? » Vous dites : « C'est des prunes noires. » Il dit : « Mais pourquoi elles sont pas blanches ? » « C'est parce qu'elles sont vertes. » Vous comprenez ?

COFFE

C'est un sujet tout à fait passionnant. Je comprends très bien que ça vous dépasse, d'ailleurs, et je ne vous en veux pas du tout. Mais un jour, restez deux ou trois heures dans un potager, et vous verrez ce qui s'y passe. C'est très émouvant.

BOUVARD

La nuit, plutôt, non ?

COFFE

Ah, le jour aussi, hein.

KERSAUSON

Mais le jour, quand on parle aux légumes, on va plutôt aux hospices.

YANNE

Oui, mais ça, c'est quand on a des potes âgés.

*

JEAN CARMET

Il m'est arrivé une aventure, il y a quelque temps, enfin il n'y a pas tellement longtemps, y a deux ans et demi : j'avais déjeuné chez mon camarade Bernard Blier, et il avait fait un très, très bon dîner. Et on mange chez Bernard

Blier les meilleurs escargots qui soient au monde. Sa femme fait des escargots sublimes. Et puis on avait pas mal bu, c'était très, très bon, très, très, très bon. Et à la fin du repas, Bernard me dit, traîtreusement: « Dis donc, je vais profiter de ce que t'es là aujourd'hui, j'ai des alcools, là, je voudrais que tu les respires, on va les respirer ensemble, tu me diras ceux qui sont finis, on va voir ça. » Et il me fait mettre à genoux, parce que sa cave à liqueurs était au ras du sol. Il s'est mis à genoux aussi au début, et j'ai commencé à respirer. J'ai pas vu le piège, parce que, après, j'ai goûté. Et puis j'ai goûté, j'ai goûté, j'ai goûté, et je me suis relevé, très bien, toujours impeccable. C'est ma femme qui conduit, moi y a longtemps que je conduis plus.

SIM

Ça vaut mieux.

CARMET

Et elle me dit: « C'est quand même formidable, t'as une résistance étonnante, hein. Tu n'as pas arrêté de la soirée, et là t'es impeccable, t'es bien... » À la maison, j'ouvre la porte du garage, je la fais rentrer, elle me remercie de ma galanterie, et elle me dit: « Tu es vraiment surprenant. » Et je lui réponds: « Mais je vais même te surprendre encore plus. Voilà. » Je sors les clefs de ma Porsche, je ferme la porte de la maison, je lui donne la clef et je dis: « Tu vois la clef, maintenant t'en profites toute seule parce que moi je m'en vais, tu ne me reverras jamais plus. » Elle a senti qu'il s'était passé quelque chose. Elle a été préparer une pièce dans la maison, où je dors quand je suis comme ça. Mais je suis parti réellement. J'ai traversé tout Sèvres, j'ai traversé Boulogne, il faisait très froid, c'était l'hiver, j'étais en veste. Et après le pont de Sèvres, la Porte de Saint-Cloud, et je me suis un peu réveillé. Et là, Porte de Saint-Cloud, y avait des taxis. Et je prends un taxi. Le chauffeur de taxi me dit : « Où je vous emmène ? » Et moi, dans mon inconscience, comme ça, je lui dis : « À Tours. » Ça l'a pas étonné, parce que je lui dis que je suis de Tours, de la Touraine, il m'avait reconnu ; et je m'endors dans la voiture. On arrive deux heures après, je l'entends : « On est arrivés, monsieur Carmet. » Et je me retrouve devant la gare de Tours. Je lui dis : « Mais je vous ai pas dit à Tours, mais : "On fait un tour !" » Il me dit : « Si, vous avez dit à Tours. » Bon. Je lui dit : « Y a plus qu'une chose à faire, c'est d'aller boire un coup. » On sort de la voiture, il était quatre heures du matin, y avait un bistrot là où se trouvent tous les gens de la nuit, c'est-à-dire des dames, des musiciens, et je paie une tournée de montlouis à tout le bar. Je suis bien accueilli, et le patron me dit : « Qu'est-ce qui vous ferait plaisir, monsieur Carmet ? » Je lui dis : « J'ai envie de manger un pied de porc. – Ah bon ? D'accord. » On nous sert des pieds de porc, et, hardi petit, ça descend, ça descend, ça revient bien, et je dis : « Bon, ben, puisque je suis à Tours, je vais téléphoner à ma femme, comme ça. » Pour lui dire de ne pas s'inquiéter. Et ma femme, me croyant dormant dans une autre partie de la maison, ne répondait pas et le téléphone était toujours aux absents. Et je dis : « Je vais aller dire bonjour à mes cousins de Tours. » Il était à peu près six heures du matin. Je réveille mes cousins. C'était dimanche, ils se reposaient. Je jette des pierres dans la fenêtre. Ils me disent : « Mais qu'est-ce que tu fous là ? » Je leur dis : « Ben, j'ai été dîner chez Blier. » « Il a une maison ici ? Bon, monte voir. » Et ils ouvrent une bouteille de bourgueil. Et crac, et crac. Tout d'un coup, j'étais quand même un petit peu alarmé. Je dis au chauffeur de taxi : « Il faut rentrer. » Mais le chauffeur de taxi, il y était à son tour, lui. Alors on a repris quand même un peu de souffle, et on est repartis. C'était une voiture qui marchait au gazole, et il faisait très, très, très froid. Et aux environs d'Orléans, la voiture se met à hoqueter.

SIM

Elle aussi...

CARMET

On était bien. Alors je dis : « C'est très simple, on va aller la faire réparer, j'ai un copain à Orléans. » Et on a été chez le copain à Orléans. Et on a recommencé, on a fait un gueuleton avec le copain. Et le chauffeur de taxi était K.-O. C'est moi qui l'ai ramené le lendemain chez lui. Ma femme avait fait le tour de tout le monde et personne ne se doutait où j'étais exactement. Donc, ça n'avait rien de crapuleux, quoi. Tout ça était de bonne compagnie.

*

YANNE

C'est une chose que les gens connaissent pas. J'étais coproducteur de *La Grande Bouffe*, on allait sur le plateau, et sur le plateau, toutes les scènes où les mecs nagent dans la merde, c'est fait par Dalloyau.

BOUVARD

Avec du chocolat ?

YANNE

Du chocolat, de la crème de marron, des trucs extrêmement bons. Et on avait été obligés de mettre des panneaux disant : « Défense de manger le décor. » Parce que le matin, quand on arrivait, la scripte, elle attrapait un étron : Hum !...

*

BOUVARD

Et la bouffe, comment c'est sur votre bateau ?

KERSAUSON

On a sept maîtres d'hôtel...

PÉRONI

Un livreur de pizzas...

KERSAUSON

... qui passent avec des gants blancs et on appelle Allô pizza. T'es en tête de mât, en train de travailler, y a Allô pizza qui monte avec sa mobylette, le long du mât. Non, non, non, on mange des produits frais, du jardin. Tu t'arranges avec le bateau, tu passes très près des champs de salades, et hop ! t'arraches. Après, tu te tires vers un champ de carottes et hop ! des carottes. Après, t'as un champ de poulets, et hop ! les poulets. Et quand on arrive dans les champs de nouilles, on s'arrange pour laisser traîner un grand filet pour que les nouilles tombent dedans. On pêche pas, on met des petites annonces : « Cherche poisson pour voyage à Rio. » C'est le monde merveilleux de Walt Disney. Et quand on s'endort, qui est-ce qui vient nous border ? Mickey, avant de nous mettre un petit baiser sur le front.

*

Bouvard

Et vous, vous avez déjà participé à un déjeuner présidentiel, Sim ?

Sim

Oh, oui ! Sous Coty. À la fin du repas, on avait des oranges glacées et, bien sûr, avec de petites pinces pour tenir l'orange, parce qu'ils ont une argenterie spéciale, à l'Élysée, pour pas se mettre du sucre sur les doigts. Moi, je disais rien parce que j'étais d'un terne remarquable au point de vue conversation. Je plante la cuillère dans l'orange, je la tiens avec la pince, la pince se referme, et paf ! Mon orange fout le camp dans une bibliothèque qui était derrière moi. Madame Coty me regarde et dit : « Ah, vous aimez ça ? » « Oui. » « Mais il ne fallait pas manger la peau. » Et je dis : « Mais j'aime bien ça. » On s'en va prendre le café au salon, et je me dis : « Je vais récupérer l'orange. » Je rentre dans la salle à manger qui n'était pas encore débarrassée, je trouve mon orange entre Montaigne et La Boétie, je mets l'orange dans la poche, et je n'ai qu'une idée, c'est d'aller jeter l'orange dans les toilettes pour m'en débarrasser. Je demande à Nohain : « Monsieur Nohain, où sont les toilettes ? » C'était un vieil habitué de l'Élysée, il connaissait bien les toilettes. Il me dit : « Je viens avec vous. » J'arrive. Il me dit : « Allez-y, allez-y, ça a l'air pressé. » Je mets l'orange dans la cuvette, je tire sur la chasse d'eau, j'entends pschitt, glouglou, et l'orange revient ! J'attends que ça se remplisse. Pendant ce temps-là, Nohain patientait. J'attends que ça se remplisse, c'étaient les anciennes chasses d'eau, je tire à nouveau, glouglouglou-glou, et tac ! l'orange revient ! Je me dis : « Il faut que je la coupe en petits morceaux. » Je la coupe en petits morceaux, je les mets dans la cuvette, je retire la chasse, et pratiquement tout s'en va. Il reste deux ou trois petits morceaux d'orange collés à la faïence de la cuvette. Je fais pas attention, je sors et Nohain entre. Et quand il ressort, il me dit : « Vous n'auriez jamais dû manger la peau, c'est indigeste. »

*

SIM

Est-ce que tu connais la recette du soutien-gorge au coulis de jarretelle ?

JANE BIRKIN

Non.

SIM

Tu prends un soutien-gorge, pas un des tiens parce qu'il n'y en aurait pas pour quatre, mais tu prends un soutien-gorge de taille moyenne.

BALUTIN

Mais t'en mets pas...

BIRKIN

Maintenant si.

SIM

Tu coupes les bretelles, tu les places dans un bol et tu les laisses macérer pendant un mois, un mois et demi avec du vinaigre. Après, tu regardes ton soutien-gorge, tu sépares les croûtons des brochets. Pardon ! Les boutons des crochets. Et tu prends un slip d'homme. Si t'en as un à la maison. Je parle pas des hommes, parce que t'as des hommes qui ont peut-être pas de slip chez toi, ou alors tu prends un slip tout seul, et tu le mets, si c'est un slip kangourou, tu le mets dans une sauteuse pour éviter qu'il t'échappe. Si jamais le slip fout le camp, tu le fais revenir avec deux petits oignons, tu couvres bien, tu mets tout dans le vide-ordures et tu vas te taper un hamburger.

*

PERRIN

C'est une histoire vraie. Un jour, ils ont chopé un type, un commis de cuisine, il se masturbait dans le steak tartare.

JEAN-PIERRE FOUCAULT

Bah... Bah...

PERRIN

Quoi ? Quoi ? Pourquoi ce bah ? Vous dites ça comme si c'était naturel...

BOUVARD

Mais non, mais c'est un drame de la solitude

FOUCAULT

Parce que le maître d'hôtel a dit : « Je vous le fais relevé ? »

KERSAUSON

Remarque qu'il y a des gonzesses qui réagissent pas plus qu'un steak tartare, hein.

MAILHOT

Il paraît que c'était bon. Monica Lewinsky mangeait que ça, pratiquement.

*

BOUVARD

L'amiral a un bon coup de fourchette, quand on l'invite.

KERSAUSON

Chez vous ? Ouais. Ah ben, chez vous, c'est bon ! Chez Philippe ? Attends ! T'as les dix-sept cuisiniers qui arrivent en rampant, les nymphes qui chantent autour de la table... Qu'est-ce qu'elles chantent ? « Oh divin seigneur, créateur de la Terre, merveille des croyants, voici ta nourriture et celle de ton sublime ami. » Y en a une qui te déchausse, la troisième qui t'ouvre la braguette, la quatrième qui te sort le truc, le tout avec des mélodies délicieuses... Y a deux ou trois vierges, enfin vierges, elles doivent plus l'être, qui répandent des pétales de roses sur ton passage, et on t'amène les plats. On te les présente, tu bouffes comme un chancre. Ouais. Et chaque fois que tu pètes, le personnel applaudit.

*

ROGER PIERRE

Francis Blanche, dans des repas, faisait ça : il était là, il regardait sa montre une fois, deux fois... Et à un moment, il disait : « Oh, écoutez madame, je suis désolé, je suis chez vous, vous m'avez invité, y a une jolie table, on mange bien, y a un repas superbe, je regarde ma montre, c'est d'une incorrection, madame ! » « Mais non... » « C'est affreux ce que je fais. Ça fait trois fois que je la regarde, madame, mais je m'emmerde tellement ! »

*

PÉRONI

J'ai un truc pour faire rigoler dans les restaurants. Il faut qu'il y ait un peu de monde dans la salle, et à un moment, vous vous levez et vous dites : « Je vais aux chiottes, je vous ramène quelque chose ? » C'est toujours chic et pas cher. Quand j'étais jeune, à chaque fois qu'une dame revenait des toilettes, n'importe où que je me trouvais, quelque restaurant que ce soit, je disais très fort : « Elle s'est lavé les mains, la dame ? » Y avait aussi, dans le même genre : « Ça va mieux ? » C'est chic aussi. Avec Laspalès et Chevallier, on a longtemps joué dans les restaurants, quand on nous mettait près des toilettes, dès que quelqu'un y allait, à celui qui le disait le plus fort : « C'est pour le pipi ou pour le popot ? »

Chapitre 11

Les Grosses Têtes sont prisonnières de la santé

PHILIPPE BOUVARD

À quel niveau votre tension artérielle se situe-t-elle durant une émission en direct ? Parce que vous prenez votre tension tous les jours ?

MICHEL DRUCKER

Trois fois par jour. Je suis un grand hypocondriaque.

BOUVARD

Je sais.

DRUCKER

Je l'ai prise avant d'arriver.

BOUVARD

Mais vous allez chez le médecin combien de fois par semaine ?

DRUCKER

J'habite en face d'une clinique qui fait tout. J'y trouve tout, c'est comme chez Casto, et on me connaît à chaque étage. Ce que je fais, c'est que, lorsque j'ai un peu d'avance sur mon emploi du temps, comme la clinique est juste en face de chez moi, je vais au labo et je dis : « Faites-moi mon cholestérol. » Mais comme : « Donnez-moi une bière. » J'arrive comme si j'étais au bar.

BOUVARD

Le gouffre de la Sécu, c'est vous...

DRUCKER

Moi, je me fais offrir à Noël des cadeaux du style un appareil à tension plus léger que le précédent, un stéthoscope, un petit marteau pour mes réflexes...

BOUVARD

Dites donc !!

DRUCKER

Je suis un grand malade. La semaine dernière, j ai fait un Dopler des parties inférieures, parce qu'avec les risques de phlébite que j'ai, je suis encore plus inquiet que d'habitude...

BOUVARD

Qu'est-ce que vous appelez le Dopler des parties inférieures ?

DRUCKER

J'étais sûr qu'on allait y venir ! Au milieu de ma phrase je me suis rendu compte que je me plantais. C'est les veines et les artères qui partent de l'aine jusqu'aux pieds. Je me suis fait faire une scintigraphie et je me suis fait faire une coloscopie .

Jean-Jacques Péroni

Jacques Chancel ! Coloscopie.

Drucker

Oui, et je me suis fait faire également un examen de la prostate.

Péroni

Mais alors, tu t'es fait mettre un doigt dans le cul !

Drucker

Je me disais : « Comment se fait-il que Jean-Jacques n'a pas encore réagi ? »

Bouvard

Et pour demain, vous avez des projets ?

Drucker

Demain, peut-être une petite fibroscopie. Mais ça changera. Ou un Dopler des parties supérieures, les artères, l'aorte et tout le cou. Je n'ai pas fait le cou depuis un mois.

Péroni

Vous savez ce que disait Jean Yanne : « Il vaut mieux avoir l'âge de ses artères que celui de César Franck. »

Jacques Mailhot

Et la coloscopie de la dame qui vient avec son mari, chez le proctologue ? Ils entrent dans le cabinet, et il lui fait un toucher rectal. Et le mec fait : « Aïe ! » Et elle fait : « Ah, tu vois... »

DRUCKER

Le papa de Jean-François Copé est proctologue. Il est chirurgien proctologue.

PÉRONI

C'est pour ça que le fils nous le met dans le cul.

DRUCKER

Il y a un film qui m'a fait beaucoup rire, qui était *Le Derrière,* de Valérie Lemercier, où Dieudonné est proctologue. C'est une spécialité comme une autre.

BOUVARD

Pas tout à fait comme une autre.

PÉRONI

Un gosse, y a pas de vocation de proctologue. Un gosse, à sept ans : « Qu'est-ce que tu veux faire ? – Je veux être commissaire de police, je veux être pompier. » Y a pas un gosse de sept ans qui dit : « Je veux être protologue. »

DRUCKER

Tu en conclus quoi ? Que les mecs qui sont proctologues sont des mecs qui n'ont pas réussi à faire ce qu'ils voulaient ?

PÉRONI

Ils ont pas pu être gynécologues, parce qu'un gynécologue ça voit la vie en rose et un proctologue, c'est en noir.

*

BOUVARD

Par quel moyen un spermatozoïde pénètre-t-il dans un ovule ?

OLIVIER DE KERSAUSON

Par effraction, surtout. Il arrive à toute biture, il se rend même pas compte, il se cogne la tête, il enlève son casque, et il est à l'intérieur. Il le pénètre.

BOUVARD

Oui, mais...

KERSAUSON

Et il gigote en même temps. Y a la queue qui gigote, la tête qui reste droite, et il fonce dedans, comme ça, jusqu'à l'intérieur. Là, il s'installe et il grossit. Au bout de quelques années, ça fait un chômeur de plus.

JEAN YANNE

Mais il l'aide un peu, l'ovule.

BOUVARD

Il l'aide...

YANNE

Il lui dit : « Entrez s'il vous plaît. »

PÉRONI

Les patins !

YANNE

« Y a un digicode ? » Il fait le code avec sa queue et l'autre, il lui ouvre...

BOUVARD

Il l'a naturellement, parce que le spermatozoïde va pas dans les sex-shops pour s'acheter des accessoires.

YANNE

Y a pas de spermatozoïdes en caoutchouc ?

BOUVARD

La nature fait bien les choses, il est doté...

KERSAUSON

Il a des poignards à l'avant.

YANNE

Il entre par la queue, il est à l'envers et il se retourne, et avec sa petite queue...

KERSAUSON

Dans le rétroviseur il regarde peut-être bien l'ovule.

BOUVARD

Qu'est-ce qui lui permet d'entrer dans l'ovule ?

KERSAUSON

L'excitation ! Il est excité !... Sa vitesse.

YANNE

Il rentrerait dans n'importe quoi !

KERSAUSON

Il va à huit cents kilomètres à l'heure !

Yanne

Il fonce comme un fou, il vient de triompher de deux millions d'autres et tout, il dit : « Je suis le premier, je suis le meilleur », et il rentre dedans.

Kersauson

Ouais. C'est quand il a le maillot jaune que ça s'ouvre. C'est le même principe qu'une mobylette et une vache : vous roulez à quatre-vingts à l'heure, une vache sur la route, vous rentrez dedans.

Bouvard

Il y a, dans la tête du spermatozoïde…

Yanne

Y a un couteau !

Kersauson

Une aiguille. Un excavateur, y a une chenille. Y a un marteau-piqueur. Il dit : « On ira jusqu'au bout, allez les gars !! »

Péroni

Un mot de passe ?

Kersauson

« Suzanne, ouvre-toi ! »

Bouvard

Lorsqu'il percute l'ovule…

Kersauson

Il lui pète la protection.

BOUVARD

Oui. Mais qu'est-ce qui se passe dans la tête du spermatozoïde ?

PÉRONI

« Oh, putain j'ai mal ! » Il a mal. Il s'est cogné la tête.

KERSAUSON

Il a la migraine et après il veut plus de gonzesse de sa vie.

YANNE

Eh bien, ça y est, il cogne, c'est un avertissement, elle le regarde, l'ovule...

BOUVARD

Il n'a pas besoin de cogner, y a un...

KERSAUSON

Y a un coup de klaxon.

BOUVARD

Non

KERSAUSON

Y a un liquide ?

BOUVARD

Un liquide.

KERSAUSON

Y a un petit couteau qui sort...

YANNE

Un aspirateur ? Une vrille ?

KERSAUSON

Une mèche de 12, une Black & Decker.

BOUVARD

C'est d'ailleurs très extraordinaire de penser qu'à son échelle, bien sûr...

KERSAUSON

Ah, il a une échelle pour grimper dessus ?

BOUVARD

... il a dans la tête...

KERSAUSON

... une tronçonneuse.

BOUVARD

Non, non. Mais c'est quelque chose qui peut faire des dégâts, et en tout cas...

PÉRONI

Un canon, un marteau...

BOUVARD

Ce n'est pas un canon, mais c'est une...

KERSAUSON

Un revolver.

YANNE

... mitraillette.

KERSAUSON

De l'explosif.

BOUVARD

Exactement. Une charge explosive.

KERSAUSON

D'où l'expression : « Tirer un coup. »

BOUVARD

Et c'est comme ça qu'il peut entrouvrir l'ovule. Bonne réponse du docteur Kersauson.

YANNE

C'est pour ça que la dame, elle remue... Bang !

BOUVARD

Alors, cette histoire de spermatozoïdes explosifs est une excellente occasion, et je ne vais pas la laisser passer, d'évoquer la dernière méthode pour féconder des ovules alors que le monsieur est stérile. Vous savez qu'on injecte...

PÉRONI

... des spermatozoïdes dans l'ovule.

BOUVARD

Voilà.

KERSAUSON

On a une sorte de Dinky Toys qui arrive, tutututut : « Si messieurs les spermatos veulent venir... » Hop, ils montent dans l'ambulance, et tutututut, ils font une marche arrière et ils se ruent dans l'ovule. Ils ne font plus cette magnifique course qu'ils avaient avant, qui est bien plus rapide que la régate d'escargots qui aura lieu à vingt heures quinze en l'an 2000 à Lausanne.

YANNE

Y a pas de vérifications pour voir ceux qui sont dopés ? À l'insu de leur plein gré.

BOUVARD

Non, mais on commence à s'inquiéter de savoir si les caractéristiques du monsieur où on a été puiser la matière première ne vont pas se transmettre, et qui aboutiraient, tenez-vous bien, à ce que la stérilité soit héréditaire.

YANNE

C'est ça qui est formidable. Parce que si votre père était stérile...

PÉRONI

Stérile de père en fils... Ça limite beaucoup.

YANNE

Le mec, il dit : « Je suis stérile, mon père l'était aussi, mon grand-père, mon arrière-grand-père également, et ma mère pouvait pas avoir d'enfant, sa mère non plus et la grand-mère pareil. Si on a réussi à s'en sortir, on est costaud. »

*

KERSAUSON

Vous connaissez la différence entre deux minutes de sodomie et deux minutes de course à cheval ?

BOUVARD

Non...

KERSAUSON

Vous avez deux minutes devant vous, Philippe ?

*

BOUVARD

Quelle est la profession qui, à en croire les médecins, est la profession la plus sujette aux épanchements de synovie ?

YANNE

Ben, c'est les footballeurs.

BOUVARD

Pourquoi ?

YANNE

Ben, parce que... les penchements, de synovie ou de n'importe qui, on va pas commencer à faire du racisme... Sous prétexte qu'un mec est synovie, il a pas le droit à des épanchements ? « Alors, combien tu prends ? – T'es pas synovie, toi. Tintin ! » Moi, je vais lancer le mouvement pour empêcher qu'on foute en l'air les pauvres malheureuses qui travaillent rue Saint-Denis et que les riverains veulent faire partir. J'ai vu ça en arrivant.

BOUVARD

Qu'est-ce que vous allez faire ?

YANNE

Ben, je vais faire une petite main avec marqué : « Touche pas à ma pute ! »... Alors évidemment, ça gêne les gens qui ont des boutiques dans la rue Saint-Denis. Et nous, quand on va aux putes, ça nous gêne pas, les boutiques ?

*

JEAN-MARC SYLVESTRE

Avant l'intervention, on vous rase pour une question d'hygiène, et après vous avoir rasé on vous passe à la Bétadine. Vous êtes un peu dans les vapes, il est cinq heures du matin, et vous avez deux infirmiers qui arrivent avec chacun un rasoir. Ils sont dans leur monde à eux, ils ont leurs préoccupations quotidiennes. Et vous, vous les écoutez, vous êtes complètement nu, comme un ver, sur le lit d'hôpital, et ça fait déjà trois semaines que vous êtes à l'hôpital, vous êtes très amaigri, et ils commencent par vous raser. Ils commencent par les pieds, chacun un côté du corps. C'était pas facile, parce que j'avais le bras gauche qui était paralysé, bousillé par ce staphylocoque, et le bras droit qui était pris dans les perfusions. Donc, ils faisaient un peu attention. Mais au bout d'un moment, j'avais bien remarqué leur manège. C'est qu'ils remontaient par les jambes, et quand ils remontaient à l'entrecuisse, ils faisaient vroum, vroum, et puis ils arrivaient vers le torse, et puis à un moment, ils faisaient des virages, vrouuummm... Un peu comme une voiture. Je leur dis : « Mais qu'est-ce que vous faites, là ? Mais vous faites la course ! C'est pas possible, vous faites la course ! » Ils me disent : « Oui, on organise un championnat entre nous tous les matins. On a un grand prix. C'est à celui qui arrivera à la moitié du corps le premier, et à la fin du mois, on fait les comptes. Et celui qui a gagné paie le week-end à l'autre. »

*

JANE BIRKIN

En Angleterre, il n'y a pas de suppositoires, ça n'existe pas. Je suis arrivée en France avec ma fille qui avait un an à l'époque, il y a très longtemps. Et on m'a filé un truc parce qu'elle avait un rhume, que je trouvais un peu bizarre. Et en plus, elle ne voulait pas l'avaler. Alors je l'ai découpé en plusieurs morceaux avec mon petit couteau...

BOUVARD

Qui ? La fille ?

BIRKIN

Non, le truc. Et ça me faisait pleurer, parce que l'eucalyptus, ça me faisait beaucoup pleurer. Et j'avais un chocolat à la noix : j'enlevais les noix et je mettais mes bouts d'eucalyptus et je lui enfournais ça dans la bouche. C'était un suppositoire. Mais crois-moi ou crois-moi pas, c'était le premier suppositoire que j'ai vu de ma vie.

PÉRONI

C'est pas le dernier.

BIRKIN

Et c'est pas bon ! C'est pas bon au tout ! Vous êtes les seuls à mettre ça là. En Angleterre, ils n'osent pas.

PÉRONI

Pourquoi ?

BIRKIN

Parce que ça peut donner des idées..

*

BIRKIN

J'ai eu un appareil pendant à peu près quinze ans. J'en avais un morceau en haut, un morceau en bas, deux élastiques qui joignaient les deux et en haut un élastique sur ma tête, et deux boules de gomme de chaque côté pour pas creuser mes joues.

SIM

Ton cousin, il a dû se régaler.

BIRKIN

Non, je l'ai enlevé pour mon premier mari. Il disait qu'il avait l'impression de dormir avec un cheval de course...

Chapitre 12

Les Grosses Têtes font leur cinéma

PHILIPPE BOUVARD

Vous lisez tous les scenarii qu'on vous envoie, hein ?

JEAN YANNE

Oui, enfin, j'dis que je les lis pour pas vexer les gens que je lis pas, quoi. Quand je lis un scénario et que je vois dans la colonne de gauche : un homme, la soixantaine, vêtu d'un costume en lin blanc, est sur un rocking-chair avec un punch à la main et la main sur un sein de la serveuse, ça m'incite à dire : « Ça, c'est un bon scénario... » Mais quand je vois par exemple : Claude Berri présente *Germinal*... J'ouvre le machin : « Dans la mine, un homme en sueur, les mains en sang, arrache du charbon... » Là, on est mal barrés !

*

PIERRE RICHARD

Un jour, j'étais chez Jean Carmet, au-dessus de Paris, à côté, il y avait une piscine et je n'avais pas de slip. Je lui dis : « Prête-moi un slip. » Il me dit : « Viens prendre un bain. » Je lui dis : « J'ai pas de slip. » Et il me donne un slip bleu lapis-lazuli. Il me prête son slip, je me baigne, et il fait beau, je me mets au soleil et je m'en vais et je lui rends pas son slip. J'ai pas cru que ce serait un événement. Et huit, dix jours après, ou quinze jours, il me dit : « Pierre, n'oublie pas mon slip. » Je lui dis : « Bon, d'accord, excuse-moi, je te le rends. » Et puis, bien sûr, j'oublie. Un mois après, il m'envoie une lettre. Moi, j'oublie de lui répondre. Je reçois une lettre recommandée. Et puis j'oublie. Et un beau jour, j'écoute la radio, mais par hasard, dans la voiture, et bien sûr, c'était Carmet qui parlait, et il parlait du dernier film qu'il faisait. Et il dit : « J'en profite pour demander à Pierre Richard : "Pierre Richard, si tu m'entends, rends-moi mon slip !" » J'étais là en train de conduire. Je me dis : « Mais qu'est-ce qu'il me fait ? » Il dit : « Ce n'est pas qu'il coûte cher, mais c'est un souvenir sentimental, c'est une femme que j'ai beaucoup aimée qui me l'avait offert. » Ça n'en finissait plus. Un beau jour, j'étais à Bruxelles pour présenter *Le Grand Blond avec une chaussure noire,* avec Mireille Darc, et je vois un magasin de sous-vêtements. Je me dis : « J'en ai marre, je vais lui acheter son slip. » Je demande un slip, bleu, en plus, je lui envoie par la poste, et il me répond : « Non, c'est pas le mien. »

*

ROBERT HOSSEIN

Bardot a dit un jour un mot extraordinaire, je vais vous le raconter en vitesse, elle ne m'en voudra pas. Un jour que je discutais avec elle de choses un peu polissonnes, je lui demandais : « Tu as eu quelques amants, mais celui-là, qui est célèbre, comment c'est ? » Elle m'a répondu : « Bof... Il met du Mozart. » Je dis : « Mais avant, ou après ? » « À la place ! »

*

RICHARD

Mettez-vous à ma place : C'était mon premier film, il en avait fait cent quarante, j'en avait fait un, c'était le premier, il était tout et j'étais rien, et on me dit : « Tu vas diriger Bernard Blier. » Déjà que je ne savais pas me diriger moi-même... Et c'est vrai que c'était très difficile de dire à Bernard Blier, ce monument du cinéma : « Bernard, un petit peu plus comme ça, s'il te plaît. Humm, c'est lent, c'est lent ! » C'est vrai que j'étais terrorisé.

Un matin, il arrive au tournage et il me dit : « Pierre, j'ai pensé à une chose. » Je lui dis : « Je t'écoute, Bernard. » Il me dit : « Si j'avais un dossier dans les mains ? », parce qu'il était P-DG, on avait un long travelling dans un long couloir et il avait beaucoup de texte. Je lui dis : « Si tu veux. » Je dis à l'assistant de donner un dossier à Bernard. Et l'assistant s'approche et dit : « Il sait pas son texte ! » Je lui dis : « Pourquoi ça ? » Il me dit : « Parce que quand il demande un dossier, c'est qu'il connaît pas son texte. Alors, il met le texte dans le dossier. » Et je lui dis : « Mais il est pas toujours P-DG. » Il me dit : « Eh ben, alors ? S'il est militaire, il demande une carte d'état-major. Il est au restaurant, il réclamera un menu, ou il est en delta-plane, il demandera le journal de bord. Mais il ne sait pas son texte... »

*

JEAN-CLAUDE BRIALY

Romy Schneider était belle. Elle était vraiment magnifique. Moi, je l'ai vue toute nue... Ah oui : pendant le tournage des *Amours célèbres,* tous les matins, nous étions dans la même loge, et le pauvre Delon qui frappait à la porte pour entrer, on lui disait non, j'étais assez content. Et elle était d'une beauté... En tout cas le matin, c'est moi qui étais dans la loge. Toute nue, tout le temps. Toute nue. Avec ses cheveux dans le dos, d'une beauté...

AMANDA LEAR

Et toi aussi ?

BRIALY

Moi, j'en pouvais plus.

LEAR

Non, mais t'étais tout nu aussi ?

BRIALY

Si tout était... comme ça, y aurait plus d'hommes.

*

YANNE

J'ai eu même un Prix d'interprétation féminine. À New York.

BOUVARD

Vous aviez joué un travelo ?

YANNE

À New York, y a eu *Le Boucher* qui est passé. On a eu les deux Prix d'interprétation, Stéphane Audran et moi, Prix d'interprétation masculine et Prix d'interprétation féminine. Stephan, c'est un prénom d'homme, en Amerique, et Jean, c'est un prénom de fille. Alors, comme les Américains savaient pas lequel des deux était la fille et lequel des deux était l'homme...

BOUVARD

Elle a dû être contente.

YANNE

L'Amérique, c'est dur, hein.

*

PIERRE TCHERNIA

C'est une histoire avec Brasseur et Dalio. C'étaient deux copains terrifiants, et quand ils avaient un coup dans le nez, Brasseur était retenu un peu par Dalio. Un soir, il est pas encore très tard, et ils s'en vont dans un grand cabaret russe de l'époque – l'action se passe en 1938, quelque chose comme ça, vous allez voir pourquoi la date est précise –, et le directeur de l'établissement les voit arriver, Brasseur titubait déjà un peu, et il dit à Dalio: « Écoutez, c'est terrible, parce qu'il y a le duc de Windsor et la duchesse de Windsor et des amis qui sont là, faudrait pas que monsieur Brasseur... » « Mais non. » Et Brasseur entend et dit: « Mais non, t'en fais pas... » Et on les assoit tout près de la porte. Au bout d'un certain temps, la duchesse et le duc de Windsor et leurs amis sortent, et au moment où le duc et la duchesse passent devant Brasseur, il fait : « Bonne bourre, monsieur le duc ! »

*

BRIALY

J'étais à Deauville avec Lelouch, on était en train de déconner, on avait pas mal bu, on était avec Yves Montand. Et il y a une journaliste de la région qui nous demande nos projets. Pour faire l'intéressant, je dis : « Je vais bientôt tourner *Un homme et un homme* avec Lelouch. – Ah, quelle drôle d'idée. – Oui, parce que ça a été un tel succès, le premier, on va faire la suite. – Avec qui vous allez tourner ? – Avec Yves Montand », qui était justement à côté de moi. Alors Montand, qui était très blagueur, commence à faire oui. « Alors, comment ça commence ? – Y a une plage... » Lelouch était écroulé de rire. Et la dame s'en va avec ses petites notes, en se disant quel curieux projet. Et Claude Lelouch en avait remis, tout allait bien. Et tout d'un coup, Montand dit à Lelouch : « C'est une bonne idée, non, de faire ce film ? » Lelouch dit : « Pourquoi pas ? » Et on commence à déconner. Et tout à coup, Montand lâche cette phrase extraordinaire : « Mais à la fin, il faudrait une petite. Pas tellement pour moi, mais c'est pour Simone. »

*

MICHEL GALABRU

Je suis donc venu à Paris, et au réalisateur qui venait d'Espagne, j'ai dit : « Monsieur, moi, vous savez, je ne sais pas parler espagnol. – Mais, il m'a dit, rassurez-vous, vous parlerez français. » Donc, nous sommes partis au Portugal, pour tourner là-bas parce que c'était moins cher qu'ici. Il nous a installés dans un palace, ma femme, ma fille, elles étaient très contentes, elles, parce que c'étaient les vacances, mais moi j'étais un peu angoissé comme quand on fait un film. Je suis arrivé à dix heures du soir et on me glisse sous la porte de la chambre le texte en espagnol. Tournage le lendemain à six heures ! Toute la nuit j'ai appris mnémotechniquement. Heureusement, ma femme est licenciée en espagnol ; elle a pu me faire comprendre ce que ça voulait dire. Ma femme a un tel accent espagnol qu'un jour à Madrid, dans un taxi, le chauffeur a parlé avec elle. Il l'a prise pour une Espagnole, et il lui a dit : « Pourquoi tu vas avec ce con de Français ? »

*

JEAN AMADOU

C'est la fameuse anecdote sur Pagnol et Fernandel, quand ils se sont engueulés sur un tournage, ils étaient à Nice, et Pagnol l'a traité d'imbécile et de gros bouffon. Il est parti. Alors le tournage s'est arrêté. Et deux jours après, Fernandel était en train de jouer aux boules, parce qu'il attendait que le tournage reprenne, et un mec est arrivé avec un courrier, qu'il lui a donné, et Fernandel lui a dit : « Alors ça, c'est une lettre formidable qu'il vient de m'envoyer. Il me dit : "Dans un mouvement de colère, l'autre jour, je t'ai traité d'idiot et de bouffon, et aujourd'hui calmement et tranquillement, parce que j'y ai réfléchi, je te le confirme." »

*

BOUVARD

Vous avez quand même un jour confondu Greta Garbo et Marlène Dietrich, hein ?

JEAN D'ORMESSON

Oui, c'est vrai.

BOUVARD

Comment a-t-elle pris ça ?

ORMESSON

Mal. J'étais invité à déjeuner avec Greta Garbo, et, pris de folie, je me suis mis à fredonner une chanson allemande et je vois qu'elle ne comprend pas. Alors j'insiste, et je lui dis : « Je vous ai tant admirée dans *L'Ange bleu.* » Et elle me dit : « Vous me confondez avec Marlène Dietrich », et elle me tourne le dos. Et ce qu'il y a d'amusant, c'est que dix ans plus tard, je dîne à côté de Marlène Dietrich. Et nous nous entendons très, très bien. Elle m'invite à goûter chez elle, avenue Montaigne, c'est assez rare, et je lui dis : « Je vais vous raconter une histoire qui va vous faire tordre. » Et je lui raconte cette histoire. Elle m'a tourné le dos et elle m'a dit : « C'est pas la peine de venir goûter avenue Montaigne. »

*

BRIALY

Y a rien de pire dans un dîner que quand les gens vous disent : « Vous allez bien nous dire un petit poème, vous allez bien nous chanter une petite chanson... » Pour payer le dîner. Et un jour, Brasseur était invité chez des gens très chic, il était déjà un peu bourré, et la maîtresse de maison, très snob, lui dit : « Oh, cher Pierre Brasseur, je vous ai vu dans *Le Diable et le Bon Dieu*... Vous allez bien nous dire un petit poème... » Il dit : « Non – Mais nous réciter une petite scène ? – Non. Mais je viens d'apprendre des trucs de magicien, si vous voulez, je vais essayer de faire mon tour. » La dame dit : « Ah, c'est magnifique, Pierre Brasseur va nous faire un tour de magie ! » Et Pierre prend la nappe, il y avait des cristaux, des verres magnifiques de Bohême, il tire la nappe, et il dit : « Vous allez voir, rien ne bouge. » Il tire la nappe, tout se casse, et il fait : « Raté !! »

*

CLAUDE CHABROL

Des fois, y a des bonnes répliques dans les films X. Je me souviens d'un porno où il y avait un type, un marquis manifestement, qui était en train de sauter sa secrétaire sur le bureau. Elle s'appelait Ingrid. Et puis son valet de chambre venait, et il lui disait : « On vous demande au téléphone, monsieur le marquis. » Il disait : « J'y vais. Occupez-vous donc d'Ingrid. » Il va au téléphone, et là il dit : « Oui, d'accord, on sera combien ? Trois avec ta femme ? Oui, très bien. Avec joie. » Il raccroche et il revient dans la pièce où le valet de chambre était en train de s'occuper d'Ingrid. Et le valet de chambre continue encore pendant quelques instants pendant que le marquis regarde d'un air égrillard et, d'un seul coup, le valet de chambre se retire et prononce les mots : « Monsieur le marquis peut venir, elle est à bonne température. »

*

CHABROL

Y a un type, qui vient de Lituanie en France, avec un fort accent, et il veut se lancer dans le cinéma parce qu'il a fait un petit peu de sous avec des danseuses dans son pays. Je lui demande son nom, et il dit : « Je m'appelle Jules Borku. » On lui dit : « C'est un peu difficile de vous appeler ainsi, il faut peut-être modifier votre nom. » Il dit : « Bon. » Et il fait changer son nom à l'état civil, et il dit : « Ça y est, changé le nom, mon nom n'est plus Jules Borku, mais Jules Borkon. »

Chapitre 13

Les Grosses Têtes ne pratiquent le sport que sur canapé

JEAN YANNE

Il faut pas confondre le water-polo avec le water-prolo, qui est un jeu très amusant qui consiste à filer des coups de canne sur la gueule des mecs qui se baignent, quand on a un beau bateau. Le water-prolo. Alors, vous êtes sur un yacht, vous avez un maillet, et puis vous avez les prolos qui nagent. Et vous, vous passez, et un bon coup sur la gueule ! « Oh, regardez, Marie-Amélie, cet ouvrier » Bing ! C'est le water-prolo...

*

JEAN D'ORMESSON

Vous connaissez l'histoire de Blondin au Tour de France ? La nourriture est absolument infecte. Alors, on lui dit, à Blondin : « Écoute, il faut que tu ailles voir madame Godet et que tu lui dises que c'est très, très mauvais. » Alors il va voir madame Godet, et le soir même, il y a une merveilleuse pintade. Le lendemain à déjeuner, pintade. Le lendemain à dîner, pintade. Le surlendemain à déjeuner, pintade. On dit à Blondin : « Il faut que tu retournes voir madame Godet et que tu lui dises que la pintade, ça suffit. » Alors il va voir madame Godet et il lui dit : « Madame, si cette pintade doit nous accompagner tout au long du Tour de France il faudrait penser à lui donner un dossard. »

*

THIERRY ROLAND

Vous savez que le regretté Michel Audiard prenait dans les manifestations sportives plein de ces expressions qu'il mettait dans ses films. Je me souviens qu'à l'ancien Vél'd'Hiv, à l'époque où il y avait du catch à quatre et encore des poids lourds, il y en avait un qui était aussi large que haut. Il s'appelait Ivar Martinson, il était tout petit, carré, avec des cheveux en brosse, et il y avait un de ses adversaires qui lui faisait une clef autour du cou avec ses jambes, et il avait sa gueule toute congestionnée qui apparaissait entre les cuisses de son bourreau. Et dans un silence, venant du fin fond des cintres, il y a une voix qui est sortie et qui a fait : « Vas-y, pépère, pousse, c'est un garçon ! »

*

ROLAND

Au match Écosse-France, il y a quelques jours, Dugarry a pris une reprise de volée en pleine poire à un mètre. Vous savez à quelle vitesse allait le ballon quand il l'a reçu dans la gueule ? 122,8 kilomètres à l'heure !

PHILIPPE BOUVARD

Y a un compteur ?

ROLAND

Non, mais on a une machine qui peut voir.

BOUVARD

Et quelle est la vitesse maximale autorisée ?

ROLAND

Ah, ben, y a pas de vitesse maximale autorisée.

OLIVIER DE KERSAUSON

On peut pas lui faire souffler dans le ballon.

*

BOUVARD

Aux jeux Olympiques de Montréal, qu'est-ce que les nageuses allemandes ont fait pour améliorer leurs performances ?

ROLAND

Elles ont fait des transfusions sanguines.

BOUVARD

Non.

YANNE

Pour aller plus vite ?

BOUVARD

Oui, oui, oui.

ROLAND

Dans l'eau ?

BOUVARD

Pour battre tous les records dans l'eau. Oui, une nageuse, ça s'épanouit surtout dans l'eau, hein !

ROLAND

Elles se sont rasées.

YANNE

Elles se sont fait faire des faux seins avec de l'air dedans pour flotter.

BOUVARD

On n'est pas loin.

ROLAND

Elles ont mis des combinaisons qui glissaient sur l'eau.

BOUVARD

Non. Et c'est Jean Yanne qui a approché la vérité du plus près. Alors qu'est-ce qu'elles ont fait ?

YANNE

Elles se sont fait injecter... du silicone, des machins comme ça.

BOUVARD

Non, non. De l'air. Elles ont fait turbo. Si, si. Vous n'étiez pas au courant ?

YANNE

Non, mais attendez, y a un machin sur lequel il faut arrêter tout de suite, parce que là... Si on donne pas des précisions, là les gens vont être troublés. Elles se sont fait foutre vingt litres d'air comprimé dans le cul pour pouvoir le relâcher et avancer comme une turbine ?

BOUVARD

Exactement. Des petites capsules, et ça leur donnait une lancée supplémentaire.

YANNE

Elles ont même plus besoin de nager à ce moment-là.

ROLAND

Vous êtes sûr de votre coup, là ?

BOUVARD

Écoutez, j'ai pas été mettre le nez.

ROLAND

Moi, je me méfie avec la natation, parce que...

BOUVARD

C'est de l'air comprimé...

ROLAND

Dans l'cul ? !

BOUVARD

Dans le fondement.

YANNE

Non, mais disons que... Pour le saut en hauteur, ce serait magnifique !

ROLAND

Et à la perche ! Le saut à la perche !

YANNE

C'est bien supérieur à la natation, alors ! La gonzesse, elle arrive, elle pète, elle fait six mètres cinquante.

BOUVARD

Oui, mais après pour recharger, c'est pas discret, hein ! Écoutez, y a eu un tas de fraudes, au niveau de...

ROLAND

Ah ça, oui ! Qu'elles se soient chargées, les Allemandes de l'Est, ça, c'est sûr ! Mais enfin qu'elles se soient fait...

BOUVARD

Et même leur sexe, c'était jamais clair, hein !

ROLAND

Mais y avait des Ruskovs aussi qui étaient...

BOUVARD

C'est depuis ce temps-là, d'ailleurs, qu'on fait le fameux test de Barr avec la salive, hein, pour savoir à qui on a affaire exactement.

ROLAND

Maintenant, y a le sang.

BOUVARD

Y a le sang, aussi. Oui.

ROLAND

Non, mais ça, tu vois rien.

AMANDA LEAR

Si elles ont quinze litres d'air comprimé dans le trou de balle, on doit le voir passer, non ?!

YANNE

Je dois dire qu'Amanda n'a pas tort.

BOUVARD

Elle a surtout en profondeur un esprit cartésien.

*

BOUVARD

Question de monsieur Aubert : dans le film *The Rose,* qui avoue avoir fait l'amour avec toute une équipe de football ?

ROLAND

Madonna.

YANNE

Mais non. C'était Bette Midler et...

BOUVARD

Eh bien, voilà. Bonne réponse de Jean Yanne. Dites donc, faut du tempérament, quand même !

ROLAND

Ça dépend si l'équipe de football est en bonne condition.

BOUVARD

Mais vous, vous avez déjà assisté dans les vestiaires à des bacchanales de ce type ?

ROLAND

Non.

BOUVARD

Non ?

ROLAND

Non. Nous étions des équipes sérieuses, monsieur Bouvard. Nous allions au stade pour jouer au football.

BOUVARD

Non, mais je parle depuis que vous ne jouez plus au football.

ROLAND

Ah non, mais attendez ! Pas les équipes professionnelles ! Vous imaginez tout de même pas qu'on va se taper les gonzesses dans les vestiaires dès le match fini !

BOUVARD

Mais y a bien Yannick Noah qui a avoué qu'avant certaines rencontres...

ROLAND

Là, c'est un sport individuel, c'est déjà plus facile.

BOUVARD

C'est vrai que du tennis au pénis y a qu'une lettre, hein. Il y a des dames qui s'égarent dans les vestiaires, parfois ?

ROLAND

Non. Non, y a quelques journalistes féminines.

BOUVARD

Ah oui...

ROLAND

Mais elles entrent pas tout de suite dans les vestiaires, elles entrent quand ils sont rhabillés : une demi-heure, trois quarts d'heure, une heure après le match.

BOUVARD

Rhabillés mais peut-être pas reboutonnés.

ROLAND

Vous voyez le vice partout !

JEAN-PIERRE COFFE

Qu'est-ce que c'est que ce numéro que tu nous fais là, Thierry Roland ? Tu nous la fais : c'est des saints, ils vont se doucher, gentiment, etc.

ROLAND

Ben, oui. Ben évidemment !

COFFE

Mais qu'est-ce que c'est que ces conneries que tu racontes ! S'ils ont envie de faire entrer des filles dans les vestiaires, ils font entrer des filles dans les vestiaires, ils t'appellent pas.

ROLAND

Bien sûr qu'ils m'appellent pas. Mais y a l'entraîneur...

COFFE

Ils savent que tu balances, ils savent que tu causes, donc ils vont pas faire appel à toi !

ROLAND

Mais y a l'entraîneur qui surveille.

BOUVARD

Justement, quand vous y allez, y a l'entraîneur, mais quand vous avez le dos tourné, c'est des entraîneuses...

ROLAND

Non, ça, ça peut arriver, mais pas dans les vestiaires du stade.

Table

Trente ans de bonheur 5

CHAPITRE 1. – Les Grosses Têtes s'étendent volontiers sur la femme 13

CHAPITRE 2. – Les Grosses Têtes déposent le bilan de notre société 51

CHAPITRE 3. – Les Grosses Têtes aiment davantage les politiciens que le veau 75

CHAPITRE 4. – Les Grosses Têtes sillonnent les mers, explorent les terres et battent la campagne 89

CHAPITRE 5. – À force de se cultiver, les Grosses Têtes se plantent moins 117

CHAPITRE 6. – Les Grosses Têtes cherchent la petite bête et apprivoisent les grosses 143

CHAPITRE 7. – Les Grosses Têtes s'assoient sur le culte 173

CHAPITRE 8. – Les Grosses Têtes ne pardonnent pas à la télévision de proposer des images 209

CHAPITRE 9. – Les Grosses Têtes côté cour et côté jardin 223

CHAPITRE 10. – Les Grosses Têtes, grandes gueules et fines gueules 241
CHAPITRE 11. – Les Grosses Têtes sont prisonnières de la santé 287
CHAPITRE 12. – Les Grosses Têtes font leur cinéma 305
CHAPITRE 13. – Les Grosses Têtes ne pratiquent le sport que sur canapé 317

L'HUMOUR AU CHERCHE MIDI

COLLECTION « LES PENSÉES »

Pensées, textes et anecdotes d'Alphonse Allais

Les Pensées de Jean Amadou

Les Pensées de José Artur

Pensées provisoirement définitives d'Yvan Audouard

Pointes, piques et répliques de Guy Bedos

Les Pensées de Tristan Bernard

Les Amuse-Bush

De Bush à oreille

Pensées, répliques et anecdotes de Francis Blanche

Pensées et répliques de Bertrand Blier

Les Pensées des boulevardiers : Alphonse Karr, Aurélien Scholl, Georges Feydeau, Cami

Les Pensées d'Alfred Capus

Les Pensées de Cavanna

Pensées, répliques et anecdotes de Claude Chabrol

Pensées et anecdotes de Coluche illustrées par Cabu, Gébé, Gotlib, Reiser, Wolinski

Les Pensées de Courteline

Les Pensées de Pierre Dac

Arrière-Pensées de Pierre Dac

Pensées et anecdotes de Dalí

Les Pensées de San Antonio de Frédéric Dard

Le Grand Livre de la méchanceté de Pierre Drachline

Les Pensées de Jean Dutourd

Pensées et répliques de Jacques Dutronc

Les Pensées de Gustave Flaubert, suivies du *Dictionnaire des idées reçues*

Les Pensées d'Anatole France

Les Pensées d'André Frossard

Pensées, provocs et autres volutes de Serge Gainsbourg

Pensées, histoires et anecdotes de Michel Galabru

Les Pensées, répliques et anecdotes de De Gaulle choisies par Marcel Jullian

Traits d'esprit de Charles de Gaulle

Pensées, maximes et anecdotes de Sacha Guitry

Pensées, répliques et anecdotes des Marx Brothers

Portraits acides et autres pensées édifiantes de Philippe Meyer

Pensées, répliques et anecdotes de François Mitterrand

Les Pensées de Daniel Prévost

Les Pensées de Jules Renard

Pensées, répliques et portraits de Rivarol

Pense-bêtes de Topor illustré par lui-même

Vracs de Tomi Ungerer

Pensées, répliques et anecdotes de Jean Yanne

Je suis un être exquis de Jean Yanne

Les Pensées d'Oscar Wilde

Les Pensées de Wolinski illustrées par lui-même

Mes aveux de Wolinski

COLLECTION
« LE SENS DE L'HUMOUR »

LAURENT BAFFIE
Tu l'as dit Baffie !

GUY BEDOS
Arrêtez le monde,
je veux descendre

TRISTAN BERNARD
Dictionnaire humoristique de A à Z

LAURENCE BOCCOLINI
Méchante
Méchante 2

JAN BLÈZE
Ça, c'est un comble alors !

COLUCHE
Et vous trouvez ça drôle ?
Elle est courte, mais elle est bonne
Ça roule ma poule
Le Best of

PIERRE DAC
Les Meilleures Petites Annonces
de l'Os à moelle
Essais, maximes et conférences

PATRICE DELBOURG
Demandez nos calembours
Demandez nos exquis mots

PIERRE DRACHLINE
Dictionnaire humoristique
des surréalistes et des dadaïstes
Le Grand Livre de la méchanceté

JACQUES FREXINOS
Le Petit Dictionnaire
de l'humour médical

GÉBÉ
Un dimanche au frais

CATHERINE GRIVE-SANTINI
ET BERTRAND BEYERN
Bon anniversaire !

PHILIPPE HÉRACLÈS
Le Grand Livre de l'humour noir
Illustrations de Kerleroux
Le Petit Livre de l'humour noir
Des fins pour défunts

OLIVIER DE KERSAUSON
Macho mais accro
T'as pas honte ?
illustré par Wolinski

MICHEL LEEB
Je ris de me voir si Leeb en ce miroir

GUY MONTAGNÉ
Les Meilleures Histoires drôles
Les Nouvelles Histoires drôles
Les Toutes Dernières Histoires drôles
Histoires drôles, tome 4
Le Best of
Les Meilleures Histoires drôles de couples

INGRID NAOUR
Drôles de zèbres
Bestiaire humoristique

LES MONTY PYTHON
Le Grand Livre des Monty Python

MICHEL MULLER
Pas tout noir

MICHEL MULLER,
CHRISTOPHE BERGERONNEAU
ET SOPHIE PINCEMAILLE
Guide du P'tit Pourri

INGRID NAOUR
et MAURICE RAJSFUS
L'Humour des Français sous l'Occupation

POPECK
On n'est pas des sauvages

DANIEL PRÉVOST

Un couple de notre temps

Éloge du moi

Lettres d'adieu

ANDRÉ SANTINI
ET PIERRE DOTTELONDE

Ô Corse, île d'humour

PHILIPPE VAL

Allez-y, vous n'en reviendrez pas

Allez-y, vous n'en reviendrez pas (la suite)

Bonjour l'ambiance

Fin de siècle en solde

No problem !

Bon baisers de Ben Laden

Les Traîtres et les Crétins

WOLINSKI

La Morale

Fin de siècle en solde

Mis en pages par DV Arts Graphiques à Chartres
Imprimé en France par la Société Nouvelle Firmin-Didot
Dépôt légal : mars 2007
N° d'édition : 625/02 – N° d'impression : 86566
ISBN 978-2-7491-0625-0
Imprimé en France